Curso

SE05

La diferencia entre aprobar y sacar plaza

Pinche

SERVICIO EXTREMEÑO DE SALUD (SES)

Si aún no dispones de tu **Curso MAD360**, te ofrecemos un acceso GRATIS de 30 días para que disfrutes de los siguientes recursos:

- Técnicas de Memoria 360.
- MADTEST: Test *online* Nivel PRO.
- Temario en formato digital.
- Vídeos.
- Esquemas.
- Planificación de estudio.
- Foro entre opositores hasta la fecha del examen.*
- Recursos y novedades exclusivas.
- Consulta sobre la oposición y el proceso selectivo.
- Actualizaciones legislativas (Boletines Oficiales) hasta 60 días antes de la fecha del examen.*

Para acceder a esta prueba del Curso MAD360** será necesaria la compra de todos los libros para esta especialidad de la edición 2025.

Regístrate en **mad.es/iniciar-sesion** y en la pestaña BIBLIOTECA valida los códigos que encuentras en la última página de tus libros.

NOTA IMPORTANTE:

* Examen de esta categoría profesional correspondiente a la convocatoria publicada en el DOE n.º 249, de 26 de diciembre de 2024, o hasta el 28 de febrero de 2026, lo que se cumpla antes, y previa renovación del servicio.

** El acceso al CURSO MAD360 estará disponible desde febrero de 2025 (algunos recursos podrían estar disponibles en fecha posterior). Tendrá una duración de 30 días RENOVABLES mediante pago, desde la validación de códigos, o hasta el 31 de agosto de 2026, lo que se cumpla antes.

MAD se reserva el derecho a ampliar dichas fechas.

Pinche del Servicio Extremeño de Salud (SES)

Febrero, 2025

Pinche del Servicio Extremeño de Salud (SES)

Test del Temario

ANA MARÍA SERRANO BÁRCENA
Licenciada en Biología

MARTA GONZÁLEZ CABALLERO
Diplomada en Dietética y Nutrición Humana
Formadora Ocupacional

LIDIA MARINA PONCE MARTÍNEZ
Licenciada en Psicología

FRANCISCO JESÚS TORRES FONSECA
Licenciado en Derecho

JOSÉ LUIS GARRIDO VELA
Licenciado en Derecho

MOISÉS CAYETANO RODRÍGUEZ
Policía Local en Extremadura

© 7 Editores Recursos para la Cualificación Profesional y el Empleo, S.L. (7 Editores)
© Los autores
Primera edición, febrero 2025 (174 páginas)
Derechos de edición reservados a favor de 7 Editores
IMPRESO EN ESPAÑA
Diseño Portada: 7 Editores
Edita: 7 Editores
Avda. San Francisco Javier, 9 · Edificio Sevilla 2 · Planta 11 · Módulos 25-27 · 41018 Sevilla
Teléfono: 954 784 411 · WEB: www.mad.es · e-mail: administracion@7editores.com
ISBN: 978-84-142-9157-3
© "Editorial Mad" y "Eduforma" son nombres comerciales registrados de
7 Editores Recursos para la Cualificación Profesional y el Empleo, S.L.

Índice

TEST DEL TEMARIO COMÚN

TEST DEL TEMARIO ESPECÍFICO

TEST DEL TEMARIO COMÚN

TEST N.º 1

La Constitución Española de 1978: características y estructura. Título Preliminar. Los derechos y deberes fundamentales

1. ¿En qué se fundamenta la Constitución Española?

a) En un Estado social y democrático de Derecho.
b) En la indisoluble unidad de la Nación española.
c) En la independencia de los poderes del Estado.
d) En la organización territorial del Estado.

2. Según el artículo 3 de la CE, el castellano es la lengua oficial del Estado y todos los españoles:

a) Tienen el deber de usar y el derecho de conocer el castellano.
b) Tienen el derecho y el deber de conocer el castellano.
c) Tienen el deber de conocer y el derecho de usar el castellano.
d) Tienen el derecho de conocer y usar el castellano.

3. La Constitución Española reconoce y garantiza el derecho a la autonomía:

a) De las nacionalidades que la integran.
b) De las regiones que la integran.
c) De las Comunidades Autónomas que la integran.
d) De las nacionalidades y regiones que la integran.

4. El Preámbulo de la Constitución:

a) Tiene en sí carácter de norma jurídica.
b) Es una declaración de intenciones, destinada a interpretar lo que se quiere alcanzar con el contenido normativo de la Constitución.
c) Se trata de un texto sin fuerza jurídica de obligar.
d) Las respuestas b) y c) son correctas.

5. Señala la respuesta correcta, respecto de la aprobación, ratificación y publicación de la Constitución Española:

a) Aprobada por las Cortes el 31 de octubre de 1978, ratificada por el pueblo en referéndum el 6 de diciembre de 1978 y publicada el 29 de diciembre de 1978.

b) Aprobada por las Cortes el 30 de octubre de 1978, ratificada por el pueblo en referéndum el 16 de diciembre de 1978 y publicada el 27 de diciembre de 1978.

c) Aprobada por las Cortes el 31 de octubre de 1978, ratificada por el pueblo en referéndum el 16 de diciembre de 1978 y publicada el 29 de diciembre de 1978.

d) Aprobada por las Cortes el 10 de octubre de 1978, ratificada por el pueblo en referéndum el 26 de diciembre de 1978 y publicada el 30 de diciembre de 1978.

6. ¿En qué parte de la Carta Magna se establece la exposición de motivos que impulsan la norma constitucional y los objetivos que con ella se pretenden alcanzar?

a) En el Título Preliminar.

b) En el Preámbulo.

c) En el Título I.

d) En el Título II.

7. La Constitución Española fue sancionada por:

a) El Rey.

b) El Presidente del Congreso.

c) Las Cortes Generales.

d) El Presidente del Gobierno.

8. ¿Cuáles de los siguientes españoles de origen pueden ser privados de su nacionalidad?

a) Exclusivamente los miembros de grupos terroristas.

b) Los miembros de grupos terroristas y los que atenten contra el Rey u otro miembro de la Casa Real.

c) Los que atenten contra un miembro de la Familia Real o del Gobierno de la Nación.

d) Ningún español de origen podrá ser privado de su nacionalidad.

9. Según la CE son fundamentos del orden político y la paz social:

a) La dignidad de la persona, los derechos violables que les son inherentes y el respeto a la ley.

b) La dignidad de la persona, el desarrollo limitado de la personalidad y el respeto a la ley.

c) El respeto a la ley, a los reglamentos administrativos y demás disposiciones legales.

d) La dignidad de la persona, los derechos inviolables que le son inherentes, el libre desarrollo de su personalidad, el respeto a la ley y a los derechos de los demás.

10. ¿Cuál de los siguientes es considerado por la CE como uno de los valores superiores del ordenamiento jurídico?

a) La jerarquía normativa.
b) El pluralismo político.
c) La publicidad normativa.
d) La equidad.

11. La forma política del Estado español es:

a) Democracia parlamentaria.
b) Gobierno parlamentario.
c) Monarquía parlamentaria.
d) República democrática.

12. La parte de la CE que regula la estructura de los principales órganos del Estado recibe el nombre de:

a) Parte dogmática.
b) Parte orgánica.
c) Parte estatal.
d) Parte estructural.

13. Según la CE, la soberanía nacional:

a) Corresponde a las Cortes Generales, al estar compuestas por los representantes del pueblo.
b) Corresponde al Rey.
c) Reside en el pueblo español.
d) Corresponde al Gobierno de la Nación elegido directamente por el pueblo.

14. ¿En qué parte de la Carta Magna se señalan los valores superiores del ordenamiento jurídico?

a) En el Preámbulo.
b) En el Título Preliminar.
c) En el Título I.
d) Ninguna respuesta es correcta.

15. ¿Cuál de las siguientes es una de las características de nuestra Constitución de 1978?

a) Consensuada.
b) Corta.
c) Conservadora.
d) Originalidad.

16. Son el fundamento del orden político y de la paz social:

a) El libre desarrollo de la personalidad.
b) Los derechos inviolables que les son inherentes.
c) El respeto a la ley y a los derechos de los demás.
d) Todas las respuestas son correctas.

17. ¿Qué quedará excluido de extradición?

a) Los delitos criminales.
b) Los delitos políticos.
c) Los actos de terrorismo.
d) Ninguno.

18. ¿Qué debe ser democrático, a tenor de lo dispuesto en la Constitución Española, en los sindicatos de trabajadores y las asociaciones empresariales?

a) Su funcionamiento.
b) Su estructura interna.
c) Su funcionamiento y estructura interna.
d) Sus órganos asamblearios.

19. ¿De cuántos Capítulos consta el Título I de la CE de 1978?

a) De tres.
b) De cinco.
c) De dos.
d) De cuatro.

20. El derecho a la propiedad en nuestra Constitución es un Derecho:

a) Inherente a la condición humana.
b) Absoluto.
c) Que está limitado por la función social de la misma.
d) Ninguna de las respuestas anteriores es correcta.

En MADTEST tienes **más preguntas de este tema, comentadas y argumentadas**, y todos tus avances quedan registrados y se reflejan en el ranking.

¡Supera tus límites con MADTEST!

Solución al test n.º 1

1. b) En la indisoluble unidad de la Nación española.

2. c) Tienen el deber de conocer y el derecho de usar el castellano.

3. d) De las nacionalidades y regiones que la integran.

4. d) Las respuestas b) y c) son correctas.

5. a) Aprobada por las Cortes el 31 de octubre de 1978, ratificada por el pueblo en referéndum el 6 de diciembre de 1978 y publicada el 29 de diciembre de 1978.

6. b) En el Preámbulo.

7. a) El Rey.

8. d) Ningún español de origen podrá ser privado de su nacionalidad.

9. d) La dignidad de la persona, los derechos inviolables que le son inherentes, el libre desarrollo de su personalidad, el respeto a la ley y a los derechos de los demás.

10. b) El pluralismo político.

11. c) Monarquía parlamentaria.

12. b) Parte orgánica.

13. c) Reside en el pueblo español.

15. a) Consensuada.

16. d) Todas las respuestas son correctas.

17. b) Los delitos políticos.

18. c) Su funcionamiento y estructura interna.

19. b) De cinco.

20. c) Que está limitado por la función social de la misma.

TEST N.º 2

El Estatuto de Autonomía de Extremadura: Estructura y modificaciones. Título Preliminar. Las competencias. Las instituciones de Extremadura

1. El Estatuto de Autonomía de Extremadura fue aprobado por:

a) Las Cortes Generales por la Ley 1/83, de 25 de febrero.
b) Las Cortes Generales por la Ley Orgánica 1/83, de 25 de febrero.
c) La Asamblea de Extremadura por la Ley 1/83, de 25 de febrero.
d) La Asamblea de Extremadura por la Ley Orgánica 1/83, de 25 de febrero.

2. La última de las reformas del Estatuto de Autonomía se realizó por:

a) Ley Orgánica 12/1999, de 6 de mayo.
b) Ley Orgánica 4/2002, de 11 de junio.
c) Ley Orgánica 1/2011 de 28 de enero.
d) Ley Orgánica 1/2011 de 24 de marzo.

3. El Estatuto de Autonomía de Extremadura consta de:

a) Un Título Preliminar, 7 Títulos, 7 Disposiciones Adicionales, 1 Disposición Derogatoria y una disposición Final.
b) Un Título Preliminar, 7 Títulos, 6 Disposiciones Adicionales y una disposición Final.
c) Un Título Preliminar, 6 Títulos, 2 Disposiciones Adicionales, 1 Disposición Derogatoria y una disposición Final.
d) Un Título Preliminar, 9 Títulos, 4 Disposiciones Adicionales y una disposición Final.

4. Las Instituciones de Extremadura se tratan en el:

a) Título Preliminar.
b) Título I.
c) Título II.
d) Título III.

5. El Título IV trata de:

a) La Junta de Extremadura.
b) La organización judicial.
c) La organización territorial.
d) Economía y Hacienda.

6. El Título Preliminar del Estatuto de Autonomía se desarrolla a lo largo de los:

a) Cinco primeros artículos.
b) Seis primeros artículos.
c) Siete primeros artículos.
d) Nueves primeros artículos.

7. Los Poderes de la Comunidad Autónoma de Extremadura emanan:

a) De la Constitución y del Estatuto.
b) Del Estado, de la Constitución y del Estatuto.
c) Del Pueblo, de la Constitución y del Estatuto.
d) De la Constitución española.

8. Son elementos diferenciales de Extremadura, y han de orientar la actuación de los poderes públicos:

a) La vitalidad de su reciente identidad colectiva, la calidad de su medio ambiente y su patrimonio cultural, así como el predominio del mundo rural.
b) Su proyección en Portugal e Iberoamérica.
c) Los condicionantes históricos de su desarrollo socioeconómico y la baja densidad de su población y su dispersión, entendida como dificultad relativa de acceso a los servicios y equipamientos generales.
d) Todos los anteriores.

9. De acuerdo con el Estatuto, gozan de la condición política de extremeños:

a) Los ciudadanos españoles que, de acuerdo con las Leyes generales del Estado, tengan vecindad administrativa en cualquiera de los municipios de Extremadura.
b) Los ciudadanos españoles residentes en el extranjero que hayan tenido la última vecindad administrativa en Extremadura y acrediten esta condición en la correspondiente representación diplomática de España.
c) Los descendientes inscritos como españoles, si así lo solicitan en la forma que determina una Ley del Estado.
d) Todos ellos.

10. De acuerdo con el artículo 7, los poderes públicos regionales:

a) Ejercerán sus atribuciones con las finalidades primordiales de promover las condiciones de orden social, político, cultural o económico, para que la libertad y la igualdad de los extremeños, entre sí y con el resto de los españoles y europeos, sean reales y efectivas.

b) Perseguirán un modelo de desarrollo social capitalista y cuidarán de la preservación y mejora de la calidad medioambiental y la biodiversidad de la región, con especial atención a sus ecosistemas característicos, como la dehesa.

c) Favorecerán medidas para el gasto energético y apoyarán la generación de energías renovables.

d) Velarán por la especial protección de aquellos sectores de población con especiales necesidades de cualquier tipo.

11. El Estatuto de Autonomía recoge la Asamblea de Extremadura en el:

a) Capítulo I del Título II.
b) Capítulo II del Título II.
c) Capítulo I del Título I.
d) Capítulo III del Título III.

12. De acuerdo con el artículo 16.2, corresponde a la Asamblea de Extremadura:

a) Realizar los Presupuestos de la Comunidad Autónoma y autorizar el recurso al crédito público, en los términos del Título VI de este Estatuto.

b) Ejercer el control de los medios de comunicación social dependientes de la Comunidad Autónoma.

c) Designar de entre los diputados de la Asamblea a los diputados a que se refiere el artículo 69.5 de la Constitución tras las elecciones autonómicas.

d) Todas las anteriores.

13. Los miembros de la Asamblea de Extremadura serán elegidos por sufragio universal, libre, igual, directo y secreto, de acuerdo con criterios de representación proporcional:

a) Siendo un número entre 50 y 70.
b) En número máximo de 65.
c) Siendo un número entre 65 y 70.
d) En número máximo de 60.

14. La sesión constitutiva de la Asamblea electa será convocada por el Presidente cesante dentro de los:

a) Diez días siguientes a la celebración de las elecciones.
b) Quince días siguientes a la celebración de las elecciones.

c) Veinte días siguientes a la celebración de las elecciones.
d) Treinta días siguientes a la celebración de las elecciones.

15. En todo caso, las iniciativas legislativas que se presenten por la vía popular deberán estar avaladas por al menos:

a) 35.000 firmas acreditadas del censo para las elecciones a la Asamblea.
b) 40.000 firmas acreditadas del censo para las elecciones a la Asamblea.
c) 45.000 firmas acreditadas del censo para las elecciones a la Asamblea.
d) 50.000 firmas acreditadas del censo para las elecciones a la Asamblea.

16. La Presidencia se trata en el Estatuto de Autonomía en el:

a) Capítulo II del Título I.
b) Capítulo II del Título II.
c) Capítulo II del Título III.
d) Capítulo III del Título II.

17. El candidato a Presidente de la Junta de Extremadura es propuesto por el:

a) Anterior Presidente de la Comunidad Autónoma.
b) Rey.
c) El Presidente de la Asamblea de Extremadura.
d) El grupo político con mayor representación.

18. El candidato propuesto presentará su programa a la Asamblea dentro de:

a) Los 15 días siguientes a su designación.
b) El mes siguiente a su designación.
c) Los 7 días siguientes a su designación.
d) Los 10 días siguientes a su designación.

19. Como Presidente de la Junta de Extremadura le corresponde al Presidente:

a) Ejercer la representación de Extremadura en sus relaciones con las instituciones del Estado, con otras Comunidades Autónomas y con las demás administraciones públicas, y en el ámbito internacional cuando proceda.
b) Asegurar en el ámbito de la Comunidad Autónoma el respeto al orden constitucional y al resto del ordenamiento jurídico, adoptando las medidas que fuesen necesarias en el marco de las competencias que le son propias.
c) Establecer, de acuerdo con su programa político, las directrices generales de la acción de gobierno e impulsar, dirigir y coordinar la acción del mismo.
d) Convocar elecciones a la Asamblea de Extremadura, la sesión constitutiva de esta y, en su caso, disolverla en los términos previstos en este Estatuto.

20. Si la Asamblea negara su confianza al Presidente de la Junta, éste presentará su dimisión ante aquélla, cuyo Presidente convocará, la sesión plenaria para la elección de nuevo Presidente, en el plazo máximo de:

a) Cinco días.
b) Diez días.
c) Quince días.
d) Un mes.

En MADTEST tienes **más preguntas de este tema, comentadas y argumentadas**, y todos tus avances quedan registrados y se reflejan en el ranking.

¡Supera tus límites con MADTEST!

Solución al test n.º 2

1. b) Las Cortes Generales por la Ley Orgánica 1/83, de 25 de febrero.

2. c) Ley Orgánica 1/2011 de 28 de enero.

3. a) Un Título Preliminar, 7 Títulos, 7 Disposiciones Adicionales, 1 Disposición Derogatoria y una disposición Final.

4. c) Título II.

5. c) La organización territorial.

6. c) Siete primeros artículos.

7. c) Del Pueblo, de la Constitución y del Estatuto.

8. d) Todos los anteriores.

9. d) Todos ellos.

10. d) Velarán por la especial protección de aquellos sectores de población con especiales necesidades de cualquier tipo.

11. a) Capítulo I del Título II.

12. b) Ejercer el control de los medios de comunicación social dependientes de la Comunidad Autónoma.

13. b) En número máximo de 65.

14. b) Quince días siguientes a la celebración de las elecciones.

15. c) 45.000 firmas acreditadas del censo para las elecciones a la Asamblea.

16. b) Capítulo II del Título II.

17. c) El Presidente de la Asamblea de Extremadura.

18. a) Quince días siguientes a su designación.

19. c) Establecer, de acuerdo con su programa político, las directrices generales de la acción de gobierno e impulsar, dirigir y coordinar la acción del mismo.

20. c) Quince días.

TEST N.º 3

El Estatuto Marco del Personal Estatutario de los Servicios de Salud: Normas generales. Clasificación del personal estatutario. Derechos y deberes. Adquisición y pérdida de la condición de personal estatutario fijo

1. El personal estatutario con nombramiento expedido para el ejercicio de una profesión o especialidad sanitaria se denomina:

a) Personal sanitario.
b) Otro personal.
c) Personal de mantenimiento.
d) Personal de gestión y servicios.

2. El personal estatutario con nombramiento expedido para el desempeño de funciones de gestión o para el desempeño de profesiones u oficios que no tengan carácter sanitario se denomina:

a) Personal universitario.
b) Personal de gestión y servicios.
c) Personal directivo.
d) Personal administrativo.

3. Según establece el art. 8 de la Ley 55/2003, de 16 de diciembre, del Estatuto Marco de los Servicios de Salud, es personal estatutario fijo:

a) El que, una vez superado el correspondiente proceso selectivo, obtiene un nombramiento para el desempeño, con carácter permanente, de las funciones que de tal nombramiento se deriven.
b) Todo el personal al servicio de los Servicios de Salud.
c) El personal que realice una prestación de servicios determinados de naturaleza temporal, coyuntural o extraordinaria.
d) El personal en posesión de un contrato laboral indefinido.

4. Conforme al artículo 9.1 del Estatuto Marco (*en redacción dada por el Real Decreto-ley 12/2022, de 5 de julio, por el que se modifica la Ley 55/2003, de 16 de diciembre, del Estatuto Marco del personal estatutario de los servicios de salud*) **los nombramientos del Personal Estatutario Temporal de los Servicios de Salud serán:**

a) Únicamente de Personal Estatutario Sanitario.
b) Personal Estatutario Contratado.
c) De interinidad.
d) Como Personal Laboral.

5. Conforme a lo dispuesto en el artículo 2.2 de la Ley 55/2003, de 16 de diciembre, del Estatuto Marco del personal estatutario de los servicios de salud, en lo no previsto en la misma serán aplicables al personal estatutario:

a) Las disposiciones y principios generales sobre función pública de la Administración correspondiente.
b) Las disposiciones de derecho laboral, dictadas al amparo del artículo 149.1.7º de la Constitución.
c) Las disposiciones sobre función pública de la Administración del Estado, en todo caso, conforme a lo dispuesto en el artículo 149.3 de la Constitución.
d) El convenio colectivo del personal laboral al servicio de la Administración correspondiente.

6. Conforme al artículo 6.2 de la Ley 55/2003, de 16 de diciembre, del Estatuto Marco del personal estatutario de los servicios de salud, atendiendo al nivel académico del título exigido para el ingreso, el personal estatutario sanitario de formación profesional se divide en:

a) Técnicos sanitarios y Auxiliares de Enfermería.
b) Técnicos superiores y Técnicos.
c) Técnicos superiores y Técnicos de gestión.
d) Técnicos especialistas y Técnicos.

7. La categoría profesional de Celador está comprendida dentro del grupo de:

a) Personal de gestión y servicios.
b) Personal no estatutario.
c) Personal estatutario sanitario.
d) Personal estatutario de formación profesional.

8. Es personal Estatutario Sanitario:

a) El que ejerce una profesión o especialidad sanitaria.
b) El que ostenta esta condición en virtud de nombramiento expedido para el ejercicio de una profesión o especialización sanitaria.

c) El que desempeña una categoría clasificada como sanitaria.
d) Quien ejerza una profesión sanitaria sin ostentar la condición de funcionario.

9. El personal Estatutario de Gestión y Servicio se clasifica en función del título exigido para el ingreso en:

a) Personal de formación universitaria, personal de formación personal y otro personal.
b) Personal universitario, personal de formación profesional y personal subalterno.
c) Personal licenciado universitario, personal de administración y personal auxiliar.
d) Ninguna es correcta.

10. El Estatuto Marco del Personal Estatutario de los Servicios de Salud está regulado por:

a) Una Ley orgánica.
b) Una Ley ordinaria.
c) Un Real Decreto.
d) Un Reglamento.

11. No constituye un derecho individual del personal estatutario:

a) La estabilidad en el empleo.
b) La movilidad voluntaria.
c) El descanso necesario.
d) La negociación colectiva.

12. El régimen de derechos del personal estatutario será aplicable al personal temporal:

a) En la medida en que la naturaleza del derecho lo permita.
b) En todo caso.
c) En ningún caso.
d) Solo cuando así se establezca en su nombramiento.

13. En relación con los derechos y deberes regulados en el Estatuto Marco, no se considera un derecho colectivo:

a) La huelga.
b) La actividad sindical.
c) La reunión.
d) La estabilidad en el empleo.

14. Entre los siguientes derechos que le reconoce el Estatuto Marco al personal estatutario, ¿cuál de ellos no tiene el carácter de derecho individual?

a) La estabilidad en el empleo.
b) El respeto a la dignidad e intimidad personal en el trabajo.
c) La formación continuada adecuada a la función desempeñada.
d) La inamovilidad del puesto de trabajo.

15. El personal estatutario de los servicios de salud tiene el deber de:

a) Participar en la elaboración de los convenios colectivos.
b) Realizar sus funciones fuera del horario y jornada habitual.
c) Realizar actividades sindicales.
d) Respetar la Constitución, el Estatuto de Autonomía correspondiente y el resto del ordenamiento jurídico.

16. Según el Estatuto Marco del Personal Estatutario de los Servicios de Salud, ¿cuál de los siguientes es un derecho colectivo?

a) Derecho a la percepción puntual de las retribuciones e indemnizaciones por razón del servicio en cada caso establecidas.
b) Derecho a la libre sindicación.
c) Derecho a la movilidad voluntaria, promoción interna y desarrollo profesional, en la forma en que prevean las disposiciones en cada caso aplicables.
d) Derecho a la jubilación en los términos y condiciones establecidas en las normas en cada caso aplicables.

17. Conforme al artículo 5 de la Ley 55/2003, de 16 de diciembre, el personal estatutario de los Servicios de Salud, se clasifica con diferentes criterios, atendiendo:

a) A la función desarrollada; al nivel del título exigido para su ingreso; y al tipo de contrato.
b) Al nivel del título exigido para su ingreso; y al tipo de nombramiento.
c) A su carácter de propietario, interino o eventual.
d) A la función desarrollada; al nivel del título exigido para su ingreso; y al tipo de nombramiento.

18. En el supuesto de existencia de plaza vacante, son estatutarios interinos los que, por razones expresamente justificadas de necesidad y urgencia, son nombrados como tales con carácter temporal para el desempeño de funciones propias de estatutarios, cuando no sea posible su cobertura por personal estatutario fijo, durante un plazo máximo de:

a) Dos años.
b) Tres años.

c) Cuatros años.
d) Seis años.

19. La Ley 55/2003 del Estatuto Marco de Personal Estatutario de los Servicios de Salud es de aplicación:

a) Al personal estatutario que integra las profesiones sanitarias.
b) Al personal estatutario que desempeña su función en los centros e instituciones sanitarias de los servicios de salud.
c) Al personal funcionario de los servicios de salud de las Comunidades Autónomas.
d) Al personal sanitario, excluyendo el personal de gestión y servicios.

20. El Estatuto Marco del personal estatutario considera a este personal como titular de una relación:

a) Funcionarial común.
b) Laboral común.
c) Estatutaria de la Seguridad Social.
d) Funcionarial especial.

En MADTEST tienes **más preguntas de este tema, comentadas y argumentadas**, y todos tus avances quedan registrados y se reflejan en el ranking.

¡Supera tus límites con MADTEST!

Solución al test n.º 3

1. a) Personal sanitario.

2. b) Personal de gestión y servicios.

3. a) El que, una vez superado el correspondiente proceso selectivo, obtiene un nombramiento para el desempeño, con carácter permanente, de las funciones que de tal nombramiento se deriven.

4. c) De interinidad.

5. a) Las disposiciones y principios generales sobre función pública de la Administración correspondiente.

6. b) Técnicos superiores y Técnicos.

7. a) Personal de gestión y servicios.

8. b) El que ostenta esta condición en virtud de nombramiento expedido para el ejercicio de una profesión o especialización sanitaria.

9. a) Personal de formación universitaria, personal de formación personal y otro personal.

10. b) Una Ley ordinaria.

11. d) La negociación colectiva.

12. a) En la medida en que la naturaleza del derecho lo permita.

13. d) La estabilidad en el empleo.

14. d) La inamovilidad del puesto de trabajo.

15. d) Respetar la Constitución, el Estatuto de Autonomía correspondiente y el resto del ordenamiento jurídico.

16. b) Derecho a la libre sindicación.

17. d) A la función desarrollada; al nivel del título exigido para su ingreso; y al tipo de nombramiento.

18. b) Tres años.

19. b) Al personal estatutario que desempeña su función en los centros e instituciones sanitarias de los servicios de salud.

20. d) Funcionarial especial.

Ley de Salud de Extremadura: objeto, ámbito y principios rectores. El Sistema Sanitario Público de Extremadura: disposiciones generales y derechos y deberes de los ciudadanos respecto al Sistema Sanitario. Estatutos del Organismo Autónomo Servicio Extremeño de Salud

1. Es objeto de la Ley 10/2001, de 28 de junio, de Salud de Extremadura:

a) El reconocimiento de la protección de la salud en la Comunidad Autónoma de Extremadura.

b) La creación del Servicio Extremeño de Salud.

c) La universalización de la atención sanitaria en el ámbito de la Comunidad Autónoma de Extremadura.

d) La regulación de la Tarjeta Sanitaria en el ámbito de la Comunidad Autónoma de Extremadura.

2. Siguiendo el artículo 3 de la Ley 10/2001 de Salud de Extremadura, uno de sus principios rectores es la concepción integral de la salud:

a) Así como de su coordinación, descentralización, autonomía y responsabilidad.

b) Garantizando la igualdad efectiva en las condiciones de acceso a los servicios y actuaciones sanitarias.

c) Incluyendo actuaciones de promoción, prevención, asistencia, rehabilitación e incorporación social.

d) En la asignación, utilización y gestión de los recursos.

3. El artículo 4 de la Ley 10/2001 define el Sistema Sanitario Público de Extremadura como:

a) Un conjunto de centros y dependencias sanitarias.

b) Un organismo autónomo con personalidad propia.

c) Un compendio de normas jurídicas en torno al derecho a la protección de la salud.

d) Un conjunto de recursos, actividades y prestaciones.

4. Conforme al artículo 4.2 de la Ley 10/2001, ¿quién garantiza el funcionamiento armónico y eficaz del Sistema Sanitario Público de Extremadura, en los términos de esta ley y mediante las facultades de dirección, coordinación, ordenación, planificación, supervisión y control que en ella se le atribuyen?

a) La Junta de Extremadura.
b) La Asamblea de Extremadura.
c) La Consejería de Salud y Servicios Sociales.
d) El Gobierno español.

5. Comprende el conjunto de cuidados destinados a aquellos enfermos, generalmente crónicos, que por sus especiales características pueden beneficiarse de la actuación simultánea y sinérgica de los servicios sanitarios y sociales para aumentar su autonomía, paliar sus limitaciones o sufrimientos y facilitar su reinserción social:

a) La atención primaria.
b) La atención especializada.
c) La atención sociosanitaria.
d) La prestación de salud pública.

6. Las prestaciones de salud pública se ejercerán a partir de las estructuras de salud pública de las Administraciones y de la infraestructura de atención primaria del Sistema Nacional de Salud, con un carácter:

a) De integralidad.
b) De confidencialidad.
c) Asistencial.
d) Disciplinario.

7. En el ámbito sanitario, la atención sociosanitaria se llevará a cabo en los niveles de atención que cada comunidad autónoma determine y en cualquier caso comprenderá:

a) Los cuidados sanitarios de corta duración.
b) La atención sanitaria a la convalecencia.
c) La rehabilitación en pacientes con déficit funcional no recuperable.
d) La indicación o prescripción, y la realización, en su caso, de procedimientos diagnósticos y terapéuticos.

8. Comprende todas las actividades asistenciales de prevención, diagnóstico, tratamiento y rehabilitación que se realicen en centros sanitarios o sociosanitarios, así como el transporte sanitario urgente, cubiertos de forma completa por financiación pública:

a) La cartera común básica de servicios asistenciales del Sistema Nacional de Salud.
b) La cartera común suplementaria del Sistema Nacional de Salud.

c) La cartera común de servicios accesorios del Sistema Nacional de Salud.

d) La cartera especial de servicios asistenciales del Sistema Nacional de Salud.

9. NO se incluye en la cartera común suplementaria del Sistema Nacional de Salud:

a) Prestación farmacéutica.

b) Prestación ortoprotésica.

c) Prestación con productos dietéticos.

d) Transporte sanitario urgente.

10. El contenido de la cartera común de servicios del Sistema Nacional de Salud se determinará:

a) Por acuerdo del Consejo Interterritorial del Sistema Nacional de Salud.

b) Por acuerdo del Consejo de Ministros.

c) Por Orden del Ministerio de Sanidad.

d) Por Ley del Parlamento español.

11. Corresponde a la Consejería de Salud y Servicios Sociales:

a) La aprobación del Plan de Salud de Extremadura.

b) La aprobación del mapa sanitario de la Comunidad.

c) El establecimiento de las directrices de la política sanitaria de la Comunidad Autónoma.

d) Establecer los principios generales que han de informar la política de salud en la Comunidad Autónoma de Extremadura, proponiendo los criterios generales de planificación.

12. Los titulares de los derechos recogidos en la Ley 10/2001, tienen derecho a ser advertidos de si los procedimientos de pronóstico, diagnóstico y terapéuticos que se le apliquen pudieran ser utilizados en un proyecto docente o de investigación:

a) Cuando dicha aplicación comporte riesgo adicional para la salud.

b) En todo caso será imprescindible la previa autorización de palabra o por escrito del paciente.

c) En todo caso será imprescindible la aceptación por parte del médico y de la dirección del correspondiente centro sanitario.

d) Siendo recomendable la previa autorización por escrito del paciente.

13. Sin perjuicio de la libertad de empresa, cuál de los siguientes derechos de los usuarios de los servicios sanitarios del Sistema Sanitario Público de Extremadura será ejercido también con respecto a los servicios sanitarios privados:

a) A participar en las actividades sanitarias a través de los cauces previstos en la normativa básica estatal, en la Ley 10/2001 y en cuantas disposiciones la desarrollen.

b) A la libre elección de médico, servicio y centro, así como a obtener una segunda opinión médica.

c) A la utilización de los procedimientos de reclamación y sugerencias, así como a recibir respuestas por escrito, siempre de acuerdo con los plazos que reglamentariamente se establezcan.

d) Al libre acceso al defensor de los usuarios del Sistema Sanitario Público de Extremadura.

14. ¿Cuál es el órgano colegiado superior de carácter consultivo, de participación ciudadana y de formulación y control de la política sanitaria en la Comunidad Autónoma de Extremadura?

a) El Consejo Extremeño de Salud.
b) El Consejo Interterritorial de Salud.
c) El Consejo Regional de Pacientes de Extremadura.
d) El Consejo General del Servicio Extremeño de Salud.

15. Señalar, conforme al artículo 13 de la Ley 10/2001, de cuál de los siguientes no se contempla su participación en el Consejo Extremeño de Salud:

a) De las Administraciones Locales.
b) De los sindicatos y las organizaciones empresariales más representativas a nivel de Extremadura.
c) De la Universidad de Extremadura.
d) De las organizaciones de consumidores y usuarios.

16. El Defensor de los Usuarios del Sistema Sanitario Público de Extremadura dará cuenta de sus actividades anualmente:

a) Al Consejo de Gobierno de la Junta de Extremadura.
b) Al Consejo Extremeño de Salud.
c) Al Pleno de la Asamblea de Extremadura.
d) Al Consejo General del Servicio Extremeño de Salud.

17. El Defensor de los Usuarios del Sistema Sanitario Público de Extremadura será designado por el Consejo de Gobierno de la Junta de Extremadura a propuesta de:

a) El Consejo Extremeño de Salud.
b) El Consejo Regional de Pacientes de Extremadura.
c) El Consejero de Sanidad y Servicios Sociales.
d) El Consejo Regional de Consumidores y Usuarios.

18. El Defensor de los Usuarios del Sistema Sanitario Público de Extremadura será designado por un período de:

a) 3 años.
b) 4 años.

c) 5 años.
d) 6 años.

19. ¿Qué título de la Ley 10/2001, de Salud de Extremadura, se refiere al Plan de Salud de Extremadura?

a) El título I.
b) El título II.
c) El título III.
d) El título IV.

20. El título III de los Estatutos del Servicio Extremeño de Salud se refiere a:

a) Objeto y ámbitos territorial y funcional.
b) Régimen de contratación administrativa y de recursos humanos.
c) Organización y funcionamiento.
d) Régimen jurídico, patrimonial y financiero.

En MADTEST tienes **más preguntas de este tema, comentadas y argumentadas**, y todos tus avances quedan registrados y se reflejan en el ranking.

¡Supera tus límites con MADTEST!

Solución al test n.º 4

1. b) La creación del Servicio Extremeño de Salud.

2. c) Incluyendo actuaciones de promoción, prevención, asistencia, rehabilitación e incorporación social.

3. d) Un conjunto de recursos, actividades y prestaciones.

4. a) La Junta de Extremadura.

5. c) La atención sociosanitaria.

6. a) De integralidad.

7. b) La atención sanitaria a la convalecencia.

8. a) La cartera común básica de servicios asistenciales del Sistema Nacional de Salud.

9. d) Transporte sanitario urgente.

10. a) Por acuerdo del Consejo Interterritorial del Sistema Nacional de Salud.

11. d) Establecer los principios generales que han de informar la política de salud en la Comunidad Autónoma de Extremadura, proponiendo los criterios generales de planificación.

12. c) En todo caso será imprescindible la aceptación por parte del médico y de la dirección del correspondiente centro sanitario.

13. c) A la utilización de los procedimientos de reclamación y sugerencias, así como a recibir respuestas por escrito, siempre de acuerdo con los plazos que reglamentariamente se establezcan.

14. a) El Consejo Extremeño de Salud.

15. c) De la Universidad de Extremadura.

16. b) Al Consejo Extremeño de Salud.

17. d) El Consejo Regional de Consumidores y Usuarios.

18. c) 5 años.

19. b) El título II.

20. d) Régimen jurídico, patrimonial y financiero.

TEST DEL TEMARIO ESPECÍFICO

La cocina hospitalaria: Características del local y distribución de secciones. Características y condiciones que debe reunir el local. Riesgos específicos de la actividad en cocinas y con los productos de limpieza. Utilización de equipos de protección individual. Sistemas de prevención de incendios y escapes de gas. Primeros auxilios y actuaciones ante una emergencia

1. A la hora de seleccionar una máquina de cocina, ¿qué factor/es se tendrá/n en cuenta?

a) Lugar de instalación.
b) Fórmulas de restauración a utilizar.
c) Capacidad de los equipos.
d) Todas las respuestas son correctas.

2. ¿Qué significa el concepto de marcha adelante?

a) Que no se deben cruzar las vías "sucias" y "limpias".
b) Que los alimentos no deben volver atrás en el proceso.
c) Que la distribución de la cocina debe estar determinada por el proceso.
d) Todas las respuestas son correctas.

3. El servicio de cocina hospitalaria, ¿será propio o ajeno?

a) Propio.
b) Ajeno.
c) Puede ser propio o ajeno.
d) Ya sea propio o ajeno, la cocina siempre estará situada en el centro.

4. Según el principio de marcha adelante, ¿cuál de las siguientes respuestas es correcta?

a) El proceso de emplatado irá en una sola dirección y no retrocederá en ningún momento.
b) La zona de lavado estará situada junto a la zona de preparación, para evitar que los platos sucios recorran largas distancias.

c) Los cubos de basura estarán al final de la zona de emplatado por si sobra algo, ya que los alimentos avanzarán desde las zonas sucias a las zonas limpias.

d) Todas las respuestas son correctas.

5. Si la gestión del servicio de cocina se externaliza, y la comida se elabora en las instalaciones del Hospital, ¿qué modalidad es aquella en la que la explotación de la cocina corresponde al personal del Centro Hospitalario, pero la provisión de materia prima se lleva a cabo a través de un proveedor externo?

a) Unidad de producción externa.
b) Unidad de producción interna y provisión externa.
c) Unidad de producción mixta.
d) Internalización de la gestión.

6. ¿Qué características tiene la cocina hospitalaria centralizada?

a) Alejamiento y aislamiento de los locales de cocina de cualquier fuente de contaminación.
b) Fácil acceso desde la zona de recepción de materia prima a la cocina, y de la cocina a la zona de distribución.
c) Suelos antideslizantes, con la debida inclinación hacia los sumideros para evitar acumulación de agua.
d) Todas las respuestas son correctas.

7. ¿Qué característica no debe tener la cocina hospitalaria centralizada?

a) Espacio suficiente para la actividad a realizar, y para la circulación del equipamiento móvil.
b) Las tuberías y conductos de aire estarán a la vista, para evitar la acumulación de suciedad.
c) Las uniones entre paramentos serán redondeadas para facilitar su limpieza.
d) Habrá lavamanos suficientes, con sistema de accionamiento por pedal preferentemente, para facilitar el lavado higiénico de manos.

8. Con el sistema de cocina central:

a) Se consigue la manipulación de los alimentos en los *offices*.
b) Se evita la producción de residuos en cocina.
c) Se elimina la manipulación de los alimentos en los *offices*.
d) Se elimina el paso de los alimentos por las dependencias de limpieza.

9. Las aberturas y ventanas o huecos practicables para la ventilación de los locales de cocina deberán estar dotados de:

a) Sistema de clausura para impedir su manipulación.
b) Cristales opacos para evitar que la luz natural estropee los alimentos.

c) Rejillas de malla adecuadas para evitar el paso de insectos.

d) Rejas homologadas por la ley de prevención de riesgos laborales.

10. En los locales de cocina, las uniones de paramentos verticales y horizontales:

a) Deberán ser redondeados.

b) Deberán estar recubiertos con perfiles metálicos.

c) Deberán estar recubiertos con perfiles de PVC.

d) Se pintarán al menos dos veces al año.

11. Una de las características que deberá tener el suelo de una cocina colectiva es:

a) Deberá estar provisto de desagües con los dispositivos adecuados (sifones, rejillas, etc.).

b) Estará totalmente nivelado y desprovisto de sumideros para evitar los malos olores y el acceso de roedores o insectos.

c) Estará construido con materiales absorbentes que empapen cualquier derrame de líquidos.

d) Estará construido con material deslizante para facilitar su limpieza.

12. Las actividades relacionadas con la manipulación de alimentos tienen un flujo marcado por:

a) El principio de marcha adelante.

b) El principio de cruce de circuitos.

c) El principio de economía de movimientos.

d) Ninguno de los anteriores.

13. ¿Qué características cumplirán las áreas para la higiene de personal de la cocina?

a) Los vestuarios de personal se situaran en dependencias anexas a los locales donde se manipulen alimentos.

b) Los servicios higiénicos no tendrán acceso directo a la zona de manipulación.

c) Habrá lavamanos suficientes, con sistema de accionamiento por pedal preferentemente, para facilitar el lavado higiénico de manos.

d) Todas las respuestas son correctas.

14. ¿Cómo debe ser el suelo de la cocina de un hospital?

a) De metal con rejillas.

b) Antideslizantes.

c) Con inclinación suficiente hacia sumideros.

d) Las opciones b) y c) son correctas.

15. ¿Cuál de los siguientes no es una característica de los equipos y otros útiles de trabajo en una cocina?

a) Materiales inocuos.
b) Materiales porosos.
c) Materiales lisos.
d) Materiales fáciles de limpiar.

16. ¿Cómo han de ser los techos de una cocina para colectividades?

a) Estarán construidos de forma que no se acumule polvo.
b) De fácil limpieza.
c) Protecciones para evitar cualquier tipo de accidente por rotura.
d) Todas son correctas.

17. ¿Cuál de las siguientes zonas de una cocina se considera zona sucia?

a) Zonas de lavado.
b) Zona de emplatado.
c) Zona de distribución
d) Todas son zonas sucias.

18. A una de las puertas batientes le ha salpicado aceite; ¿cómo serán las puertas de la cocina?

a) De material liso.
b) Fáciles de limpiar.
c) De material rugoso.
d) Las respuestas a) y b) son correctas.

19. ¿Qué característica/s debe tener el proceso de producción en cocina?

a) Flujo continuo.
b) Separación de zonas.
c) Establecimiento de circuitos.
d) Todas las respuestas son correctas.

20. ¿Qué respuesta es falsa?

a) Cada zona de trabajo contará con los materiales necesarios.
b) Cada zona de trabajo contará con los utensilios necesarios para las tareas a realizar.
c) En la cocina nunca se establecen diferentes circuitos.
d) La respuestas a) y b) son correctas.

21. ¿Qué son las partidas?

a) Secciones de cocina donde se realizan distintas tareas.
b) Equipos específicos para tareas de pastelería o salsero.
c) Grupos de personas que elaboran un plato concreto.
d) Sistema de producción en cocina.

22. ¿A qué partida corresponde la elaboración de fondos?

a) A la partida de salsero.
b) A la partida de entremetier.
c) A la partida de pastelero.
d) Son correctas las respuestas a) y b).

23. ¿Cuál de estas tareas corresponde a la partida de cuarto frío?

a) Producción de pan.
b) Preparación de guarniciones.
c) Limpieza y fraccionamiento de pescados.
d) Todas las respuestas son correctas.

24. ¿Qué diferencia una distribución lineal de cocina con una distribución en U?

a) La ubicación de entrada y salida.
b) La ordenación de las secciones.
c) El avance del proceso.
d) Todas las respuestas son ciertas.

25. En una distribución lineal, ¿dónde se ubica la sección de emplatado?

a) Inmediatamente tras la sección de preparación.
b) Tras la sección de elaboración.
c) Antes de la sección de recepción.
d) Tras la sección de preparación.

26. El nivel de iluminación que debe reunir un local de cocina estará calculado para un valor de:

a) 100 lux.
b) 200 lux.
c) 500 lux.
d) 800 lux.

27. ¿Qué ventaja tiene la centralización de los servicios de restauración hospitalaria?

a) Permite la concentración de los recursos para optimizar los resultados.
b) Permite utilizar la producción en línea fría, aunque no en línea caliente.
c) Requiere menos inversión inicial.
d) Todas las respuestas son correctas.

28. ¿En qué consiste el *catering*?

a) La comida se elabora en el propio centro.
b) La comida se lleva elaborada al hospital para su distribución.
c) Es un sistema de centralización con autogestión.
d) Ninguna respuesta es correcta.

29. ¿Puede haber externalización de la gestión cuando la unidad de producción es interna?

a) Sí, mediante la centralización.
b) Sí, la explotación de la cocina corresponde al personal del centro, pero la provisión de materia prima no.
c) No, siempre habrá unidad de producción externa.
d) No, nunca.

30. ¿Qué etapas se llevan a cabo en la cocina central?

a) Recepción de materia prima y almacenamiento.
b) Preparación y elaboración.
c) Emplatado y distribución.
d) Todas las anteriores.

31. ¿Cómo se garantizan las condiciones higiénicas y la conservación de las características organolépticas de los menús cuando son trasladados a otros centros?

a) Mediante la continua supervisión y análisis durante el traslado.
b) Dando un tratamiento térmico en destino.
c) Utilizando sistemas de transporte adecuados (carros y vehículos).
d) Todas las respuestas son correctas.

32. ¿Qué criterio se tendrá en cuenta a la hora de colocar las máquinas y utensilios de cocina?

a) Que ocupen el menor espacio posible.
b) Que permitan el acceso para su limpieza.
c) Que queden en el centro de la cocina.
d) Todas las respuestas son correctas.

33. En una cocina centralizada, ¿hacia dónde irán los flujos de aire?

a) Hacia la entrada.
b) Hacia la zona limpia.
c) Hacia la zona sucia.
d) Hacia la zona de distribución por ser la fase final del proceso.

34. ¿Qué medida reduce las posibilidades de contaminación del alimento?

a) Separación de zonas de trabajo en cocina.
b) Utilización de circuitos cortos.
c) Empleo de utensilios específicos en cada área de trabajo.
d) Todas las respuestas son correctas.

35. ¿Qué afirmación es falsa sobre la ubicación de las cámaras?

a) Estarán en un lugar protegido de los factores ambientales que pueden influirle.
b) Tendrán termómetro interno y externo con lectura interna.
c) Los higrómetros darán una lectura de forma permanente.
d) Estarán fabricadas en material resistente a los golpes y fácil de limpiar y desinfectar.

36. ¿Qué accesos en cocina deben estar bien diferenciados y no coincidir?

a) Salida de carros con la comida y entrada de carros con la vajilla sucia.
b) Salida de carros con la comida y entrada de carros con restos de comida.
c) Salida de carros con la comida y salida de basuras.
d) Todas las respuestas son correctas.

37. ¿Qué actividades pertenecen al circuito sucio en cocina?

a) Solo los residuos.
b) Manipulación de productos crudos, ya sea en su fase de acondicionamiento o cuando ya están listos para el consumo.
c) Actividades que generan contaminación.
d) Todas las respuestas son correctas.

38. ¿Cómo se distribuye el circuito de los alimentos?

a) El acondicionamiento de la materia prima constituye un circuito sucio que no debe tener cruces con el circuito limpio.
b) Los alimentos elaborados y su distribución constituyen un circuito sucio y no debe cruzarse con la materia prima.
c) El alimento en todas sus fases se considera en circuito limpio por el riesgo de contaminación.
d) Ninguna respuesta es correcta.

39. Los utensilios de cocina listos para su uso, ¿están en un circuito limpio o sucio?

a) Sucio.
b) Limpio.
c) Pueden estar en ambos.
d) No están en ninguno.

40. ¿Qué recorrido tendrá el circuito de residuos?

a) Desde la zona de evacuación hasta el vertedero.
b) Desde la zona de generación hasta la zona de evacuación.
c) Tendrá un recorrido de ida (circuito sucio) y otro de vuelta (circuito limpio).
d) Para los residuos no se definirán circuitos.

41. ¿Qué solución habría si la zona de recepción de materias primas y la salida de desperdicios no pueden estar separadas físicamente?

a) Realizar ambas operaciones con cuidado cuando coincidan.
b) Utilizar elementos cerrados para el traslado, cuando coincidan.
c) Separar ambas operaciones en el tiempo.
d) No hay solución, se deber realizar una reforma.

42. ¿Qué es la cadena alimentaria?

a) El desarrollo y encadenamiento de todos los procesos y transformaciones por los que pasa el alimento desde la producción primaria hasta su distribución, venta y consumo como producto final.
b) La posibilidad de encontrar y seguir el rastro, a través de todas las etapas de la producción, transformación y distribución, de un alimento.
c) La etapa anterior a la entrada de los productos en la empresa.
d) La descripción elaborada por la autoridad competente sobre la estructura, organización y funcionamiento de sus sistemas de control.

43. ¿Cómo se realiza la explotación de una cocina centralizada?

a) La comida se elabora en las instalaciones propias de una empresa privada, y es transportada al hospital, donde la distribuye el personal del centro.
b) Los procesos de producción de comida, conservación, emplatado y distribución se llevan a cabo en las instalaciones de cocina del hospital.
c) La elaboración de la comida la realiza personal del propio Centro junto con personal de la empresa externa contratada. A esta última le corresponde además la provisión de materia prima.
d) Todas las opciones anteriores corresponden a un sistema de autogestión.

44. ¿En qué partida es frecuente que no se disponga de cocina para la elaboración de algunos platos, que posteriormente se sirvan fríos, aunque luego vuelvan a la misma después de pasar por otra?

a) Partida de Salsero.
b) Partida de cuarto frío.
c) Partida de Entremetier o entremesero.
d) Partida de Pastelero.

45. ¿Dónde existirán rustideras como dotación de partida de Unidad de Cocina?

a) Partida de Salsero.
b) Partida de cuarto frío.
c) Partida de Entremetier o entremesero.
d) Son ciertas las respuestas a) y c).

46. ¿En qué organización y distribución adecuada de las zonas de trabajo de la unidad de cocina central el avance en la marcha hace un giro de 180º con cambio de sentido?

a) Lineal.
b) Cíclica.
c) En L.
d) En U.

47. ¿Cómo se denomina la distribución según estén las secciones de la cocina hospitalaria cuando la entrada de la materia prima y la salida de los platos elaborados se disponen en lugares opuestos, el avance es en un sentido, pero en algún punto se produce un ángulo para aprovechar el espacio?

a) Lineal.
b) Cíclica.
c) En L.
d) En U.

48. ¿A qué principio atenderá la manera en la que se debe hacer la distribución de equipos en la cocina hospitalaria?

a) Se basará en el principio de marcha adelante.
b) Se basará en el principio de separación de zonas de trabajo.
c) Se basará en el principio de conexión entre las distintas fases del proceso.
d) Se atenderá atendiendo a todos los anteriores principios.

49. Con el principio de marcha adelante:

a) Se evitarán las contaminaciones cruzadas.
b) Se podrá conseguir que un alimento retroceda a una etapa anterior.

c) Se conseguirá que no exista la separación de zonas de trabajo, y con ello mejor visión del conjunto de trabajo.

d) Se evitará el establecimiento de circuitos que perjudican la organización.

50. Respecto a la ventilación de la cocina hospitalaria centralizada todo será cierto, excepto que:

a) Podrá ser natural.

b) Podrá ser artificial.

c) Tendrá siempre un sistema de renovación de aires.

d) Los flujos de aire irán desde las "zonas sucias" a las "zonas limpias".

51. Señala cuál de las siguientes opciones no es una medida preventiva, frente a quemaduras por el contacto con objetos o gases calientes:

a) Comprar máquinas y utensilios seguros que tengan el marcado CE.

b) No llenar los recipientes hasta arriba.

c) Comprobar el termostato de la freidora antes de la introducción de alimentos.

d) Todas son correctas.

52. No es un factor de riesgo de incendio y explosión:

a) Sólidos inflamables (papel, trapos, cajas).

b) Sustancias cáusticas y corrosivas.

c) Líquidos inflamables (disolventes, alcoholes).

d) Presencia de focos de ignición.

53. Es un riesgo ergonómico:

a) Estar en contacto con productos que contienen sustancias químicas peligrosas.

b) Realizar trabajos con manejo de cargas o posturas forzadas.

c) Las situaciones de trabajo que producen estrés.

d) Todos son riesgos ergonómicos.

54. Los equipos de protección individual están destinados:

a) Al uso personal.

b) A la comunidad.

c) A un equipo de trabajo.

d) A quien lo necesite.

55. ¿Qué actuaciones debe adoptar el empresario para la elección de los equipos de protección?

a) Analizar y evaluar los riesgos existentes que no puedan evitarse o limitarse suficientemente por otros medios.

b) Definir las características que deberán reunir los equipos de protección individual para garantizar su función.

c) Comparar las características de los equipos de protección individual existentes en el mercado.

d) Todas son correctas.

56. Los equipos filtrantes de partículas se utilizan para la protección de:

a) Los ojos y de la cara.
b) Las vías respiratorias.
c) La piel.
d) Manos y brazos.

57. ¿Cuál es la primera medida que debe realizar el socorrista en caso de quemadura?

a) Suprimir la causa que produce la quemadura: apagar las llamas, eliminar los ácidos, etc.
b) Mantener los signos vitales.
c) Examinar el cuerpo de la persona accidentada.
d) Aplicar agua en abundancia en la quemadura para enfriarla y reducir el dolor.

58. No es una actuación que deba adoptarse en caso de incendio:

a) Localizar el origen de la incidencia.
b) Clasificar la magnitud del incendio (Conato, Emergencia Parcial o General).
c) Comunicar el hecho al Jefe de Emergencia o de Primera Intervención a su sustituto, facilitándole la mayor cantidad de datos posibles del siniestro.
d) Ante cualquier circunstancia, apagar el fuego con cualquier extintor que se tenga a mano.

59. Los extintores de incendio portátiles:

a) Están concebidos para que puedan ser llevados y utilizados a mano teniendo en condiciones de funcionamiento una masa igual o inferior a 15 kg.
b) Están concebidos para que puedan ser llevados y utilizados a mano teniendo en condiciones de funcionamiento una masa igual o inferior a 20 kg.
c) Están concebidos para que puedan ser llevados y utilizados a mano teniendo en condiciones de funcionamiento una masa igual o inferior a 25 kg.
d) Están concebidos para que puedan ser llevados y utilizados a mano teniendo en condiciones de funcionamiento una masa igual o inferior a 30 kg.

60. En la selección de un extintor portátil, el agente extintor adecuado para las clases de fuego A (sólidos), B (líquidos) y C (gases) son:

a) Polvo BC (convencional).
b) Polvo ABC (polivalente).
c) Espuma física.
d) Hidrocarburos halogenados.

61. ¿Qué significa en primeros auxilios PAS?

a) Policía, ambulancia, sanidad.
b) Proteger, avisar, socorrer.
c) Prevenir, actuar, solucionar.
d) Ninguna respuesta es correcta.

62. Si una persona accidentada con quemaduras presenta además otras lesiones, ¿cómo se procederá?

a) Se atenderá primero la quemadura.
b) Se tratara primero la lesión más grave.
c) Se trataran simultáneamente todas las lesiones.
d) Ninguna respuesta es correcta.

63. ¿Cuál será la primera acción ante una persona con quemaduras?

a) Suprimir la causa que produce las quemaduras.
b) Mantener las constantes.
c) Aplicar agua.
d) Cubrir la quemadura con apósitos estériles.

En MADTEST tienes **más preguntas de este tema, comentadas y argumentadas**, y todos tus avances quedan registrados y se reflejan en el ranking.

¡Supera tus límites con MADTEST!

Solución al test n.º 1

1. d) Todas las respuestas son correctas.

2. d) Todas las respuestas son correctas.

3. c) Puede ser propio o ajeno.

4. a) El proceso de emplatado irá en una sola dirección y no retrocederá en ningún momento.

5. b) Unidad de producción interna y provisión externa.

6. d) Todas las respuestas son correctas.

7. b) Las tuberías y conductos de aire estarán a la vista, para evitar la acumulación de suciedad.

8. c) Se elimina la manipulación de los alimentos en los *offices*.

9. c) Rejillas de malla adecuadas para evitar el paso de insectos.

10. a) Deberán ser redondeados.

11. a) Deberá estar provisto de desagües con los dispositivos adecuados (sifones, rejillas, etc.).

12. a) El principio de marcha adelante.

13. d) Todas las respuestas son correctas.

14. c) Las opciones b) y c) son correctas.

15. b) Materiales porosos.

16. d) Todas son correctas.

17. a) Zonas de lavado.

18. d) Las respuestas a) y b) son correctas.

19. d) Todas las respuestas son correctas.

20. c) En la cocina nunca se establecen diferentes circuitos.

21. a) Secciones de cocina donde se realizan distintas tareas.

22. d) Son correctas las respuestas a) y b).

23. c) Limpieza y fraccionamiento de pescados.

24. a) La ubicación de entrada y salida.

25. b) Tras la sección de elaboración.

26. c) 500 lux.

27. a) Permite la concentración de los recursos para optimizar los resultados.

28. b) La comida se lleva elaborada al hospital para su distribución.

29. b) Sí, la explotación de la cocina corresponde al personal del centro, pero la provisión de materia prima no.

30. d) Todas las anteriores.

31. c) Utilizando sistemas de transporte adecuados (carros y vehículos).

32. b) Que permitan el acceso para su limpieza.

33. c) Hacia la zona sucia.

34. d) Todas las respuestas son correctas.

35. b) Tendrán termómetro interno y externo con lectura interna.

36. d) Todas las respuestas son correctas.

37. c) Actividades que generan contaminación.

38. a) El acondicionamiento de la materia prima constituye un circuito sucio que no debe tener cruces con el circuito limpio.

39. b) Limpio.

40. b) Desde la zona de generación hasta la zona de evacuación.

41. c) Separar ambas operaciones en el tiempo.

42. a) El desarrollo y encadenamiento de todos los procesos y transformaciones por los que pasa el alimento desde la producción primaria hasta su distribución, venta y consumo como producto final.

43. b) Los procesos de producción de comida, conservación, emplatado y distribución se llevan a cabo en las instalaciones de cocina del hospital.

44. b) Cuarto frío.

45. d) Son ciertas a) y c).

46. d) En U.

47. c) En L.

48. d) Se atenderá atendiendo a todos los anteriores principios.

49. a) Se evitarán las contaminaciones cruzadas.

50. d) Los flujos de aire irán desde las "zonas sucias" a las "zonas limpias".

51. d) Todas son correctas.

52. b) Sustancias cáusticas y corrosivas.

53. b) Realizar trabajos con manejo de cargas o posturas forzadas.

54. a) Al uso personal.

55. d) Todas son correctas.

56. b) Las vías respiratorias.

57. a) Suprimir la causa que produce la quemadura: apagar las llamas, eliminar los ácidos, etc.

58. d) Ante cualquier circunstancia, apagar el fuego con cualquier extintor que se tenga a mano.

59. b) Están concebidos para que puedan ser llevados y utilizados a mano teniendo en condiciones de funcionamiento una masa igual o inferior a 20 kg.

60. b) Polvo ABC (polivalente).

61. b) Proteger, avisar, socorrer.

62. b) Se tratara primero la lesión más grave.

63. a) Suprimir la causa que produce las quemaduras.

TEST N.º 2

Normativa higiénico sanitaria aplicable en cocinas hospitalarias

1. Los establecimientos de comercio al por menor podrán usar huevo crudo para elaborar alimentos que se sometan a un tratamiento térmico donde se alcance una temperatura igual o superior a:

a) 63 °C.
b) 70 °C.
c) 45 °C.
d) 100 °C.

2. ¿A qué temperatura se deben mantener los alimentos cocinados hasta su consumo, si no se van a refrigerar o congelar?

a) A una temperatura superior o igual a 33 °C hasta el momento de su consumo.
b) A una temperatura superior o igual a 43 °C hasta el momento de su consumo.
c) A una temperatura superior o igual a 53 °C hasta el momento de su consumo.
d) A una temperatura superior o igual a 63 °C hasta el momento de su consumo.

3. ¿Cuál es el objeto del Real Decreto 1021/2022, de 13 de diciembre?

a) Establecer los requisitos en materia de higiene de la producción, elaboración, transporte, almacenamiento y comercialización de los productos alimenticios en establecimientos de comercio al por menor.
b) Establecer los requisitos en materia de higiene de la producción, elaboración, transporte, almacenamiento y comercialización de los productos alimenticios en establecimientos de comercio al por mayor.
c) Flexibilizar los requisitos relativos a los establecimientos de comercio al por menor que regula el Reglamento 3484/2000, de 29 de diciembre.
d) Dar rigidez a los requisitos establecidos en el Reglamento 852/2004.

4. ¿Cuál de las siguientes normas es derogada por el Real Decreto 1021/2022, de 13 de diciembre?

a) Real Decreto 3484/2000, de 29 de diciembre.
b) Reglamento 852/2004 del Parlamento Europeo y del consejo, de 29 de abril de 2004.

c) Reglamento 853/2004 del Parlamento Europeo y del consejo, de 29 de abril de 2004.

d) Real Decreto 1086/2020, del 9 de diciembre.

5. Según el R.D. 1021/2022, ¿cuál de estos establecimientos no se considera de comercio al por menor?

a) Un hospital, que tiene servicio de alimentación y nutrición para los pacientes.

b) Un local ambulante de venta de comida rápida.

c) Un agricultor que vende directamente sus productos recolectados.

d) Una cocina de colectividades.

6. ¿Cómo se define la "colectividad" en el RD 1021/2022?

a) Conjunto de personas consumidoras con unas características similares que demandan un servicio de comidas preparadas.

b) Establecimiento que da servicio de comidas a un conjunto de personas consumidoras con unas características similares que demandan un servicio de comidas preparadas.

c) Empresa que realiza la venta al por mayor de comidas preparadas.

d) Todas las respuestas son correctas.

7. ¿Qué es un obrador?

a) La parte de un establecimiento de comercio al por menor, accesible al público, destinada a las actividades de manipulación, preparación, elaboración propia, envasado y, en su caso, almacenamiento de productos alimenticios.

b) La parte de un establecimiento de comercio al por menor, inaccesible al público, destinada a las actividades de manipulación, preparación, elaboración propia, envasado y, en su caso, almacenamiento de productos alimenticios.

c) El manipulador de alimentos encargado de la preparación o elaboración propia de alimentos y el almacenamiento de productos alimenticios hasta su venta.

d) Ninguna respuesta es correcta.

8. El espacio de un establecimiento de comercio al por menor donde, como actividad complementaria, se sirven sus productos a la clientela para su consumo *in situ*, ¿cómo se denomina?

a) Zona de venta.

b) Obrador.

c) Zona de degustación.

d) Zona de servicio.

9. ¿A qué temperatura se debe conservar la carne de cordero?

a) Igual o inferior a 3 ºC.

b) Igual o inferior a 5 ºC.

c) Igual o inferior a 7 ºC.
d) Igual o inferior a 10 ºC.

10. ¿A qué temperatura se debe refrigerar el pollo?

a) Igual o inferior a 4 ºC.
b) Igual o inferior a 7 ºC.
c) Igual o inferior a 0 ºC.
d) Igual o inferior a -5 ºC.

11. ¿Qué condiciones deben cumplir las máquinas expendedoras de productos alimenticios?

a) Renovación frecuente de los productos, según su fecha de caducidad o consumo preferente.
b) Temperatura de conservación adecuada.
c) Sistema de alarma en caso de refrigerados.
d) Todas las respuestas son correctas.

12. Según el RD 1021/2022, los alimentos preparados en locales utilizados principalmente como vivienda privada:

a) No se podrán servir a colectividades, pero si a otros establecimientos de comercio al por menor.
b) No se podrán congelar, pero sí se podrán mantener en congelación las materias primas que se adquieran ya congeladas.
c) No se podrán suministrar en el propio establecimiento, aunque tenga autorización de la autoridad competente.
d) Todas las respuestas son correctas.

13. ¿Cuál es el volumen máximo de alimentos que pueden ser preparado en locales utilizados principalmente como vivienda privada?

a) 20 kilos semanales.
b) 20 kilos diarios.
c) 100 kilos anuales.
d) 100 kilos semanales.

14. ¿Cuál de los siguientes no es un objetivo del Real Decreto 1086/2020?

a) Fomentar el consumo de alimentos de otros países.
b) Promover la alimentación saludable.
c) Prevenir la obesidad.
d) Fomentar la actividad física.

15. ¿Qué establece el Real Decreto 1086/2020 sobre determinados productos tradicionales elaborados en regiones geográficas especiales, situadas en lugares alejados y con dificultades en las comunicaciones?

a) Abarata el coste de la materia prima.
b) Simplifica los procedimientos de comunicación.
c) Elimina los costes de aduana.
d) Eleva el precio de venta.

16. ¿Qué excepciones se aplican a los pequeños mataderos?

a) Deben efectuar el sacrificio de forma inmediata tras la llegada del animal al matadero.
b) Deben disponer de establos o corrales de espera.
c) Podrán aislar animales enfermos sin necesidad de tener instalaciones independientes con cerradura.
d) Contarán con instalaciones con cerradura para el almacenamiento frigorífico de carne retenida, para mantenerla separada del resto de la carne.

17. ¿El pequeño matadero tiene obligación de disponer de un lugar de almacenamiento de estiércol?

a) Sí.
b) No es necesario en caso de que no realicen la recogida y eliminación inmediatamente después del sacrificio.
c) No es necesario si no disponen de corrales y no realizan el vaciado y lavado de tripas.
d) No es necesario en ningún caso.

18. ¿En qué caso se pueden utilizar mesas con tablero de madera para manipular alimentos?

a) En las cocinas de colectividades, siempre que la madera sea de haya, roble o pino rojo.
b) En los tajos de corte para el despiece de la carne, siempre que sean de maderas tratadas, resistentes y se encuentren en perfecto estado de mantenimiento y limpieza.
c) En cualquier utensilio siempre que la madera esté tratada con tapa poros.
d) Nunca.

19. ¿Qué condición deben cumplir los alimentos tradicionales secados al aire libre?

a) Actividad de agua inferior a 0,70.
b) Actividad de agua superior a 0,70.
c) Actividad de agua superior a 0,70, siempre que el operador demuestre que el proceso productivo logra un efecto equivalente mediante el empleo de una combinación de factores de conservación.
d) Son correctas las respuestas a) y c).

20. ¿Qué alimento de origen animal se puede secar al aire?

a) Uvas pasas.
b) Pimientos.
c) Pescado seco.
d) Melocotones secos.

21. ¿Qué medidas de flexibilización establece el Real Decreto 1086/2020 respecto del sacrificio de animales?

a) Se permite el sacrificio de aves de corral y caza de granja fuera del matadero sin control por la autoridad ni requisito alguno.
b) Se permite el sacrificio de aves de corral y caza de granja fuera del matadero, siempre que se cumplan determinados requisitos.
c) Se permite el sacrificio de rumiantes jóvenes siempre que se realice después el escaldado de las vísceras.
d) Esta norma no establece medidas de flexibilización sobre el sacrificio animal para consumo humano.

22. ¿Qué medidas de flexibilización establece el Real Decreto 1086/2020 respecto de la carne de cerdos domésticos?

a) Se harán análisis de detección de triquina antes del sacrificio del cerdo.
b) Se elimina la obligación de hacer análisis de detección de triquina tras el sacrificio del cerdo.
c) Se permite el corte de las canales de cerdos domésticos antes de conocer los resultados del análisis de detección de triquina.
d) Ninguna respuesta es correcta.

23. ¿Qué medidas de flexibilización establece el Real Decreto 1086/2020 respecto al transporte de la carne?

a) Se establecen criterios más flexibles en cuanto a la temperatura de transporte de la carne para la producción de productos específicos.
b) Se establecen criterios más flexibles en cuanto a la humedad de la carne para la producción de productos específicos.
c) Se establecen criterios más flexibles en cuanto al peso de la carne.
d) Se establecen criterios más flexibles en cuanto a la documentación y trazabilidad.

24. El sacrificio de animales para consumo doméstico privado, ¿está regulado legalmente?

a) Sí, en el Reglamento 852/2004.
b) Sí, en el Real Decreto 1086/2020.
c) Sí, en el paquete de higiene.
d) No.

25. ¿Cuánto tiempo como máximo tardará en abatir la temperatura de una comida preparada hasta 10 ºC?

a) 1 hora.
b) 90 minutos.
c) 2 horas.
d) 24 horas.

26. ¿Cuál es el/los objetivo/s del El Reglamento (CE) Nº 178/2002 del Parlamento Europeo y del Consejo de 28 de enero de 2002?

a) Proporcionar la base para asegurar un nivel elevado de protección de la salud de las personas.
b) Proporcionar la base para asegurar un nivel elevado de protección de los intereses de los consumidores en relación con los alimentos.
c) Contribuir a garantizar el funcionamiento eficaz del mercado interior.
d) Todas las respuestas son correctas.

27. ¿En qué caso es aplicable el Reglamento 178/2002, de 28 de enero?

a) A la producción primaria para uso privado.
b) A todas las etapas de la producción.
c) A todas las etapas de la producción para consumo propio.
d) Las respuestas b) y c) son correctas.

28. ¿Cuál es el artículo 10 del Reglamento (CE) Nº 178/2002 del Parlamento Europeo y del Consejo de 28 de enero de 2002?

a) Análisis de riesgo.
b) Trazabilidad.
c) Información al público.
d) Ámbito de aplicación.

29. ¿Qué información debe recibir el consumidor cuando un alimento pueda presentar un riesgo para su salud?

a) Naturaleza del riesgo.
b) Alimento afectado.
c) Medidas que se adopten o vayan a adoptar.
d) Todas las respuestas son correctas.

30. ¿Qué factores se tendrán en cuenta para determinar que un alimento es nocivo?

a) Los probables efectos inmediatos y a corto y largo plazo de ese alimento, no sólo para la salud de la persona que lo consume, sino también para la de sus descendientes.
b) Los posibles efectos tóxicos acumulativos.

c) La sensibilidad particular de orden orgánico de una categoría específica de consumidores, cuando el alimento esté destinado a ella.

d) Todos los anteriores.

31. En caso de sospechar que un producto no cumple los requisitos de seguridad de los alimentos, ¿qué hará el explotador de empresa alimentaria?

a) Retirarlo del mercado antes de que llegue a los consumidores.

b) Si ha llegado a los consumidores, ya no puede recuperarlo, pero debe avisar del riesgo.

c) No tiene obligación de tomar medidas hasta que no tenga la seguridad de que no se cumplen los requisitos necesarios.

d) Son correctas las respuestas b) y c).

32. ¿Qué requisitos exige el Reglamento 852/2004 del Parlamento Europeo, para los locales destinados a los productos alimenticios?

a) Habrá ventilación artificial para evitar tener que hacer control de temperatura.

b) Se evitarán las corrientes de aire desde zonas contaminadas a zonas limpias.

c) Dispondrán siempre de buena iluminación natural.

d) Todas las respuestas son correctas.

33. Los contenedores utilizados para transporte de productos alimenticios, ¿podrán transportar algo que no sean productos alimenticios?

a) No, nunca.

b) Sí, siempre que exista una separación efectiva de los productos para evitar contaminación.

c) Sí, no tienen por qué ser exclusivos para productos alimenticios.

d) Cada producto debe ir obligatoriamente en un contenedor, aunque podrá ser transportado en el mismo vehículo.

34. El Reglamento 852/2004 establece las disposiciones aplicables a los productos alimenticios. Indique cuál de las siguientes es falsa:

a) Las materias primas e ingredientes se almacenarán en condiciones adecuadas, que permitan evitar su deterioro y protegerlos de la contaminación.

b) Las materias primas o productos no deberán conservarse a temperaturas que puedan dar lugar a riesgos para la salud.

c) Cuando un operador de empresa alimentaria prevea razonablemente que una materia prima pueda estar contaminada, la someterá a cocción prolongada para eliminar los microorganismos.

d) La descongelación se hará de modo que se reduzca al mínimo el riesgo de multiplicación de microorganismos patógenos o la formación de toxinas.

35. Según el Reglamento (CE) 852/2004 del Parlamento Europeo y del Consejo, de 29 de abril, los operadores de empresa alimentaria deberán garantizar:

a) La supervisión, instrucción y formación de los manipuladores de alimentos en cuestiones de higiene alimentaria.
b) La vigencia de la normativa en materia de higiene alimentaria.
c) La formación de los inspectores de la autoridad competente en materia de higiene alimentaria.
d) Todas las respuestas son falsas.

36. ¿Qué características tendrán los fregaderos?

a) Tendrán suministro de agua potable.
b) Serán fáciles de limpiar y desinfectar.
c) Estarán hechos de material liso y resistente a la corrosión.
d) Todas las respuestas son correctas.

37. ¿En qué caso no es de aplicación el Reglamento (CE) Nº 852/2004?

a) Producción primaria para uso doméstico.
b) Transformación de productos primarios.
c) Suministro de comidas preparadas.
d) Todas las respuestas son correctas.

38. ¿Cómo se define "contaminación", según el Reglamento 852/2004?

a) El residuo resultante de la manipulación.
b) La introducción o presencia de un peligro.
c) Cualquier acción que altere sustancialmente el producto inicial.
d) Todas son correctas.

39. ¿En qué principios se basa el sistema de Análisis de Peligros y Puntos de Control Crítico (APPCC)?

a) Análisis y localización de los riesgos.
b) Determinación de los puntos críticos.
c) Definición, aplicación y verificación de procedimientos eficaces de control y seguimiento.
d) Todas las opciones son correctas.

40. ¿Qué es la desinsectación?

a) Destrucción de microorganismos, procedimientos o agentes físicos o químicos, de forma que se reduzca el número de microorganismos.
b) Destrucción de insectos, mediante procedimientos exclusivamente por agentes físicos.

c) Destrucción de insectos, mediante procedimientos o agentes físicos o químicos.

d) Destrucción de insectos, mediante procedimientos exclusivamente con agentesquímicos.

41. En los concursos de suministros que realice el centro hospitalario, para poder ser seleccionado un proveedor, ¿qué requisito deberá cumplir?

a) Poseerá el nº de Registro General Sanitario de Alimentos en vigor.

b) Deberá tener implantado y aplicado un sistema APPCC.

c) Permitirá auditorías a sus instalaciones por personal designado por el centro hospitalario.

d) Todas las respuestas anteriores son correctas.

42. El sistema de APPCC tiene como objetivo:

a) Establecer un plan de emergencia para el caso de incendio.

b) Identificar, valorar y controlar los peligros sanitarios e higiénicos asociados al conjunto y a cada una de las fases de la cadena alimentaria.

c) Analizar las pautas de comportamiento de los trabajadores.

d) Ninguna de las anteriores respuestas es la correcta.

43. El sistema de APPCC está basado en:

a) Dos principios.

b) Tres principios.

c) Seis principios.

d) Siete principios.

44. La verificación del sistema de APPCC debe realizarse:

a) Periódicamente, con el fin de asegurar que los puntos de control crítico están bajo control.

b) Cuando existan dudas de la seguridad del producto.

c) Cuando se hagan modificaciones en el Plan APPCC.

d) Todas las respuestas son correctas.

45. Es, entre otras, función del coordinador del equipo de implantación del sistema de APPCC:

a) La organización de las reuniones.

b) La elaboración de menús.

c) El registro de las decisiones del equipo.

d) Las opciones a) y c) son correctas.

46. El establecimiento de un sistema de registro o documentación de los planes relativos a los sistemas de APPCC, permite:

a) Mostrar las incidencias ocurridas, la toma de decisiones y comprobar si el sistema está funcionado con eficacia.

b) Comprobar la salubridad de los alimentos.

c) Determinar quién realiza la vigilancia del sistema.

d) No es uno de los principios en los que se basa el sistema de APPCC.

47. ¿Qué se entiende por "trazabilidad"?

a) La posibilidad de encontrar y seguir el rastro, a través de todas las etapas de la producción, transformación y distribución de un alimento.

b) La información contenida en la etiqueta de un producto alimenticio.

c) Las fases de la producción de un alimento hasta que está listo para su venta y consumo.

d) La posibilidad de encontrar el rastro de un alimento a partir del momento en que se comercializa.

48. Cuando se describe la vida del producto y los procedimientos utilizados, ¿de qué tipo de trazabilidad hablamos?

a) Trazabilidad hacia atrás.

b) Trazabilidad de proceso.

c) Trazabilidad hacia delante.

d) Todas las respuestas son correctas.

49. ¿Quién será responsable del Plan General de Higiene?

a) Una persona o cargo específico de la empresa.

b) Una persona externa a la empresa.

c) Siempre el Jefe de cocina.

d) No hay un responsable del plan.

50. El manipulador de alimentos deberá lavarse las manos frecuente y cuidadosamente con jabón líquido, agua caliente y cepillado de uñas, aclarándolas y secándolas con toallas de un solo uso. Se lavará siempre:

a) Al comenzar la jornada.

b) Antes y después de usar los servicios higiénicos.

c) Después de tocarse el pelo, la nariz o la boca.

d) Todas las respuestas anteriores son correctas.

51. ¿Cuál es el objetivo principal del Plan de limpieza y desinfección (L+D) de una empresa alimentaria?

a) Asegurar que el estado de limpieza y desinfección de locales, equipos y útiles de la empresa alimentaria, previenen cualquier posibilidad de contaminación.

b) Garantizar que el agua que se utiliza en la empresa alimentaria no afecta a la salubridad y seguridad de los productos alimenticios.

c) Evitar la existencia de cualquier plaga.

d) Todas son correctas.

52. ¿Cómo se hará la descripción del producto en el sistema APPCC?

a) A través de diagramas de flujo.
b) Con fichas normalizadas que contengan todos los datos e información requerida.
c) Mediante tablas de datos.
d) No es necesaria la descripción del producto.

53. ¿Qué datos se incluirán en el análisis de peligros?

a) La probabilidad de que surjan peligros y la gravedad de sus efectos perjudiciales para la salud.
b) La evaluación cualitativa y/o cuantitativa de la presencia de peligros.
c) La supervivencia o proliferación de los microorganismos involucrados.
d) Todos los anteriores.

54. ¿Cuándo se establecen medidas correctoras en el sistema APPCC?

a) Cuando los resultados obtenidos del sistema de vigilancia pueda establecer puntos de control crítico.
b) Cuando en los resultados obtenidos del sistema de vigilancia se detecten desviaciones.
c) Siempre después del proceso de verificación.
d) Al seleccionar los proveedores.

55. ¿Cuál es la Ley de seguridad alimentaria y nutrición?

a) Ley 18/2008.
b) Ley 17/2011.
c) Ley 16/2012.
d) Ley 3/2000.

56. ¿A quién se aplica la Guía de Buenas Prácticas de Manipulación?

a) A la Administración.
b) A todos los profesionales implicados.
c) Al personal sanitario.
d) Al consumidor.

57. ¿Durante cuánto tiempo como mínimo deben archivarse los Planes Generales de Higiene (PGH)?

a) Anualmente.
b) Por un periodo de dos años.
c) Cada cocina establece su tiempo.
d) No hace falta archivarlos, es un documento vivo.

58. ¿Qué medidas garantizarán el abastecimiento de agua potable en cocina?

a) Pozos.
b) Descalcificadores en todas las entradas de agua.
c) Instalaciones disponibles y dispositivos que eviten la contaminación de agua.
d) Todas las respuestas son ciertas.

59. ¿Para qué se identifican los lotes?

a) Para que la etiqueta se reconozca.
b) Para tener una referencia para los pedidos.
c) Para asociar cada lote a los controles y registros.
d) Para conocer los datos del proveedor.

60. Entre los PGH mínimos que deben estar implantados en un Servicio de alimentación, se encuentran:

a) Plan de limpieza y desinfección.
b) Plan de eliminación de residuos y aguas residuales.
c) Plan de control de proveedores.
d) Todas las respuestas previas son correctas.

En MADTEST tienes **más preguntas de este tema, comentadas y argumentadas**, y todos tus avances quedan registrados y se reflejan en el ranking.

¡Supera tus límites con MADTEST!

Solución al test n.º 2

1. b) 70 °C.

2. d) A una temperatura superior o igual a 63 °C hasta el momento de su consumo.

3. a) Establecer los requisitos en materia de higiene de la producción, elaboración, transporte, almacenamiento y comercialización de los productos alimenticios en establecimientos de comercio al por menor.

4. a) Real Decreto 3484/2000, de 29 de diciembre.

5. b) Un local ambulante de venta de comida rápida.

6. a) Conjunto de personas consumidoras con unas características similares que demandan un servicio de comidas preparadas.

7. b) La parte de un establecimiento de comercio al por menor, inaccesible al público, destinada a las actividades de manipulación, preparación, elaboración propia, envasado y, en su caso, almacenamiento de productos alimenticios.

8. c) Zona de degustación.

9. c) Igual o inferior a 7 °C.

10. a) Igual o inferior a 4 °C.

11. d) Todas las respuestas son correctas.

12. c) No se podrán congelar, pero sí se podrán mantener en congelación las materias primas que se adquieran ya congeladas.

13. d) 100 kilos semanales.

14. a) Fomentar el consumo de alimentos de otros países.

15. b) Simplifica los procedimientos de comunicación.

16. c) Podrán aislar animales enfermos sin necesidad de tener instalaciones independientes con cerradura.

17. c) No es necesario si no disponen de corrales y no realizan el vaciado y lavado de tripas.

18. c) En los tajos de corte para el despiece de la carne, siempre que sean de maderas tratadas, resistentes y se encuentren en perfecto estado de mantenimiento y limpieza.

19. d) Son correctas las respuestas a) y c).

20. c) Pescado seco.

21. b) Se permite el sacrificio de aves de corral y caza de granja fuera del matadero, siempre que se cumplan determinados requisitos.

22. c) Se permite el corte de las canales de cerdos domésticos antes de conocer los resultados del análisis de detección de triquina.

23. a) Se establecen criterios más flexibles en cuanto a la temperatura de transporte de la carne para la producción de productos específicos.

24. b) Sí, en el Real Decreto 1086/2020.

25. c) 2 horas.

26. d) Todas las respuestas son correctas.

27. b) A todas las etapas de la producción.

28. c) Información al público.

29. d) Todas las respuestas son correctas.

30. d) Todos los anteriores.

31. a) Retirarlo del mercado antes de que llegue a los consumidores.

32. b) Se evitarán las corrientes de aire desde zonas contaminadas a zonas limpias.

33. b) Sí, siempre que exista una separación efectiva de los productos para evitar contaminación.

34. c) Cuando un operador de empresa alimentaria prevea razonablemente que una materia prima pueda estar contaminada, la someterá a cocción prolongada para eliminar los microorganismos.

35. a) La supervisión, instrucción y formación de los manipuladores de alimentos en cuestiones de higiene alimentaria.

36. d) Todas las respuestas son correctas.

37. a) Producción primaria para uso doméstico.

38. b) La introducción o presencia de un peligro.

39. d) Todas las opciones son correctas.

40. c) Destrucción de insectos, mediante procedimientos o agentes físicos o químicos.

41. d) Todas las respuestas anteriores son correctas.

42. b) Identificar, valorar y controlar los peligros sanitarios e higiénicos asociados al conjunto y a cada una de las fases de la cadena alimentaria.

43. d) Siete principios.

44. d) Todas las respuestas son correctas.

45. d) Las opciones a) y c) son correctas.

46. a) Mostrar las incidencias ocurridas, la toma de decisiones y comprobar si el sistema está funcionado con eficacia.

47. a) La posibilidad de encontrar y seguir el rastro, a través de todas las etapas de la producción, transformación y distribución de un alimento.

48. b) Trazabilidad de proceso.

49. a) Una persona o cargo específico de la empresa.

50. d) Todas las respuestas anteriores son correctas.

51. a) Asegurar que el estado de limpieza y desinfección de locales, equipos y útiles de la empresa alimentaria, previenen cualquier posibilidad de contaminación.

52. b) Con fichas normalizadas que contengan todos los datos e información requerida.

53. d) Todos los anteriores.

54. b) Cuando en los resultados obtenidos del sistema de vigilancia se detecten desviaciones.

55. b) Ley 17/2011.

56. b) A todos los profesionales implicados.

57. b) Por un periodo de dos años.

58. c) Instalaciones disponibles y dispositivos que eviten la contaminación de agua.

59. c) Para asociar cada lote a los controles y registros.

60. d) Todas las respuestas previas son correctas.

TEST N.º 3

Los alimentos: Clasificación y características de los diferentes tipos de alimentos. El acondicionamiento y almacenamiento de los alimentos, distribución y transporte. Conservación de productos

1. De los siguientes productos, ¿cuáles no son derivados de la leche?

a) Nata y mantequilla.
b) Queso y requesón.
c) Sueros lácteos.
d) Cafeína.

2. Señala cuál de las siguientes afirmaciones es correcta:

a) La canal incluye la carne y todas las vísceras del animal.
b) Los derivados cárnicos son productos alimenticios preparados total o parcialmente con carnes o despojos sometidos a operaciones específicas.
c) Los productos tales como solomillo, entrecot, bistec, chuletas, etc., se consideran derivados cárnicos.
d) Todas las respuestas anteriores son correctas.

3. El Código Alimentario Español, dentro del grupo de "pescados", incluye los siguientes:

a) Aquellos animales que viven en el agua y son comestibles.
b) Exclusivamente a los vertebrados marinos.
c) Exclusivamente a los vertebrados de agua dulce.
d) Todos excepto las ballenas, por ser mamíferos.

4. ¿Cuál de las siguientes afirmaciones es falsa?

a) El pescado tiene menos grasas saturadas y menos colesterol que algunas carnes.
b) El pescado azul tiene mayor valor calórico que el blanco.
c) El pescado fresco tiene mayor valor nutritivo que el congelado.
d) Todas son falsas.

5. ¿Cuándo se considera que un huevo es fresco?

a) Cuando se mantiene en cámaras a temperatura no superior a 4 ºC durante un tiempo inferior a 30 días.
b) Cuando está conservado por encima de 0 ºC durante una semana como máximo.
c) Sólo se considera fresco el huevo recién puesto.
d) Cuando no ha sido refrigerado ni conservado por ningún método.

6. Un huevo que ha sido incubado se dice que es un huevo:

a) Fresco.
b) Defectuoso.
c) Averiado.
d) Podrido.

7. ¿Qué tipo de alimento son las habas?

a) Frutos.
b) Legumbres.
c) Bulbos.
d) Frutas.

8. ¿Cómo se denomina el tocino entreverado que ha sido sometido a operaciones de ahumado, salazón o adobo?

a) Panceta.
b) Bacón.
c) Papada.
d) Lomo.

9. ¿Qué tipo de aditivo es el E-122 carmoisina?

a) Potenciador del sabor.
b) Conservante.
c) Colorante.
d) Espesante.

10. ¿Qué tratamiento recibirá la leche destinada para el consumo de colectividades?

a) Ninguno, porque la leche cruda es muy nutritiva.
b) Debe recibir algún tratamiento térmico.
c) Será siempre leche especial sin tratar.
d) Todas las respuestas son correctas.

11. Según el Código Alimentario Español, ¿en qué grupo de alimentos se incluye al tomate?

a) Verduras.
b) Hortalizas.
c) Frutas carnosas.
d) Frutos oleaginosos.

12. ¿Qué es un producto sucedáneo?

a) Todo producto que tiene un sabor distinto al esperado.
b) Todo producto que sustituye un alimento por otro, sin que el consumidor lo note.
c) Todo producto que, sin fines engañosos o fraudulentos, pretenda sustituir en todo o en parte a un alimento.
d) Producto esencial en la dieta.

13. ¿A qué tipo de tratamiento habrá sido sometida una leche concentrada?

a) Eliminación de agua.
b) Eliminación de grasa.
c) Adición de nutrientes.
d) Adición de estimulantes.

14. ¿Cuál de los siguientes es un encurtido?

a) Carne de lomo macerada y ahumada.
b) Anchoas saldas.
c) Coliflor y zanahoria curadas en salmuera, y conservadas en vinagre y sal.
d) Beicon.

15. ¿Qué peso tienen los huevos de tamaño L?

a) 43-53 g.
b) 53-63 g.
c) 63-73 g.
d) 73-83 g.

16. Según el Código Alimentario Español, ¿cómo se clasifican el tirabeque?

a) Legumbre verde.
b) Legumbre seca.
c) Tallo.
d) Fruto.

17. ¿Qué características fruta confitada?

a) La acidez total excederá el 14 %.
b) La acidez total no excederá el 14 %.

c) No podrá contener sal.
d) Es el producto obtenido por la cocción reiterada de los frutos en jarabes.

18. La denominación genérica de leche se aplica a:

a) La leche de oveja.
b) La leche de vaca.
c) La leche de cabra.
d) La leche de burra.

19. ¿Cuál de los siguientes alimentos es un embutido de carne?

a) Chorizo.
b) Salchicha.
c) Salchichón.
d) Todas son correctas.

20. ¿Cuál de los siguientes alimentos se considera un derivado de la carne?

a) Babilla.
b) Tapa.
c) Tocino.
d) Patas.

21. La doble nata contiene:

a) Un 18 % en peso de grasa.
b) Un 50 % en peso de grasa.
c) Un 30 % en peso de grasa.
d) Un mínimo de un 70 % en peso de grasa.

22. ¿Cuál de los siguientes pertenece a la espacie de Bóvido?

a) Novillo.
b) Buey.
c) Ternera.
d) Todos los anteriores.

23. Las hortalizas destinadas al consumo fresco deben:

a) Estar recién recolectadas.
b) Estar exentas de artrópodos.
c) Estar exentas de lesiones o traumatismos.
d) Todas las anteriores.

24. ¿Cómo se denomina la grasa que procede del fruto del cocotero adecuadamente refinado de consistencia pastosa, o fluida, según la temperatura ambiente, de color blanco o de marfil?

a) Manteca de palma.
b) Manteca de cacao comestible.
c) Manteca de coco.
d) Aceite de palmiste.

25. La manteca en rama o en pella:

a) Es el producto obtenido por fusión de las grasas de depósito del ganado vacuno sacrificado en perfectas condiciones sanitarias.
b) Es la grasa que recubre los riñones del cerdo, mesenterios y epiplones, extraída directamente del animal.
c) Es la grasa obtenida calentando las grasas del cerdo a una temperatura máxima de 80 grados centígrados y depositados luego en moldes de los que toma su forma al enfriarse.
d) Es la grasa procedente de trozos de grasa recogida en el despiece y recortes, sometidos a la acción directa del vapor de agua.

26. ¿Qué es falso sobre el cuajo?

a) En su elaboración se permite la adición de manteca de cerdo.
b) En su elaboración se permite la adición de sal.
c) Se obtiene del ganado porcino.
d) Es un derivado de las grasas.

27. ¿Qué son los aditivos alimentarios?

a) Sustancias que se añaden a los alimentos, de manera intencionada, con el objetivo de modificar o mejorar sus cualidades.
b) Sustancias que se añaden a los alimentos, de manera intencionada, sin que se modifiquen sus cualidades.
c) Sustancias presentes en el alimento de manera accidental.
d) Son los principales ingredientes de cualquier alimento conservado.

28. ¿Qué son los alimentos de primera gama?

a) Alimentos crudos.
b) Alimentos conservados.
c) Productos congelados no cocinados.
d) Productos limpios precocinados y envasados.

29. ¿Qué son los alimentos se cuarta gama?

a) Alimentos conservados.
b) Productos congelados no cocinados.

c) Productos limpios y envasados.
d) Productos crudos.

30. ¿A qué gama pertenecen los alimentos totalmente preparados, cocinados, envasados al vacío y refrigerados?

a) Segunda.
b) Tercera.
c) Cuarta.
d) Quinta.

31. ¿A qué gama pertenece el pescado congelado, que no ha sido cocinado previamente?

a) 1.
b) 2.
c) 3.
d) 4.

32. ¿Qué es el aprovisionamiento de mercancía?

a) Abastecimiento de lo necesario.
b) Acumulación de existencias.
c) Provisión de materiales sin criterio de necesidad.
d) Previsión de necesidades.

33. ¿Cómo se denominan los materiales de consumo habitual, sujetos a todas las operaciones de gestión de almacén?

a) Inventariables.
b) No inventariables.
c) Almacenables.
d) No almacenables.

34. ¿Cuáles son los materiales inventariables?

a) Fungibles.
b) No fungibles.
c) Los que se agotan o consumen con el uso.
d) No almacenables.

35. ¿Dentro de qué grupo de suministros entran los víveres?

a) Fungibles.
b) No inventariables.
c) Inventariables.
d) Son válidas las respuestas a) y b).

36. ¿En qué consiste la gestión de aprovisionamiento?

a) En abastecer al centro de los productos o materiales necesarios para su actividad normal, y realizar las acciones adecuadas para que no falten, ni se acumulen en exceso.
b) En abastecer al centro de los productos o materiales necesarios para su actividad normal, acumulando en almacén para que no falten.
c) En realizar la compra de los que se van a necesitar diariamente.
d) Es el control económico del gasto en cocina.

37. ¿Cuáles son las fases de la gestión de aprovisionamiento, por orden de realización?

a) Planificación de necesidades, almacenamiento, control de inventario y compra.
b) Planificación de necesidades, control de inventario, compra y almacenamiento.
c) Planificación de necesidades, compra, almacenamiento y control de inventarios.
d) Control de inventario, compra, almacenamiento y planificación de necesidades.

38. ¿Cuál de estos factores influye en la previsión de necesidades?

a) Sistema de producción utilizado en cocina.
b) *Stock* en almacén.
c) Duración de los productos.
d) Todas las respuestas son ciertas.

39. ¿Cómo se establece la frecuencia de compra?

a) Por revisión continua.
b) Por revisión periódica.
c) Por revisión perfecta.
d) Por cualquiera de los sistemas anteriores.

40. Cuando los pedidos se hacen con una periodicidad que varía en función del ritmo de consumo de cada artículo, ¿qué sistema se está utilizando?

a) Sistema de revisión continua.
b) Sistema de revisión periódica.
c) Sistema de revisión perfecto.
d) Sistema de periodicidad continua.

41. ¿Cuál de estas cualidades no se comprobará al recepcionar alimentos?

a) Los embalajes.
b) Los envases y las etiquetas.
c) El sabor de los alimentos recibidos.
d) La calidad de la materia prima.

42. ¿Cuál es la temperatura de almacenamiento adecuado para cada uno de los alimentos?

a) 3 ºC.
b) 18 ºC.
c) Aquella a la que no sufran alteraciones.
d) Son correctas las respuestas b) y c).

43. ¿Qué características tendrán las máquinas que entran en contacto con los alimentos?

a) Transmitirán al producto propiedades nocivas.
b) Las partes metálicas irán revestidas por capas anticorrosión.
c) Las válvulas serán susceptibles de modificar sustancialmente las características de los alimentos.
d) Todas las respuestas son correctas.

44. ¿Qué son alimentos no perecederos?

a) Los que no se estropean nunca.
b) Los que se almacenan en sacos.
c) Aquellos que con una manipulación correcta no van a sufrir alteraciones.
d) Los deshidratados.

45. ¿En qué consiste la rotación periódica de los alimentos?

a) En poner los últimos productos adquiridos o los de fecha más alejada en lugares menos accesibles.
b) En poner los últimos productos adquiridos o los de fecha más cercana en lugares más accesibles.
c) En cambiar de ubicación los productos.
d) Ninguna respuesta es correcta.

46. ¿Qué objetivo tiene la rotación?

a) Consumir en primer lugar los que lleven menos tiempo almacenados.
b) Consumir en último lugar los que lleven más tiempo almacenados.
c) Asegurar que se consumirán primero los que pueden estropearse antes.
d) Son correctas las respuestas a) y b).

47. ¿Qué tipo de producto es una lata de anchoas?

a) Semiconserva.
b) No perecedero.
c) Conserva.
d) Fresco.

48. ¿Qué diferencia hay entre las conservas y las semiconservas?

a) Las semiconservas necesitan frío y las conservas no.
b) Las conservas necesitan frío y las semiconservas no.
c) Las semiconservas duran más tiempo que las conservas.
d) Son correctas las respuestas a) y c).

49. ¿Por qué no se deben meter las cajas de los proveedores en el refrigerador?

a) Porque ocupan mucho espacio.
b) Porque se pueden contaminar.
c) Porque pueden contener microorganismos.
d) Por que habría que comprarlas.

50. ¿Qué práctica está prohibida en almacén?

a) Emplear productos de limpieza.
b) Barrer en seco.
c) Barrer en húmedo.
d) Todas las respuestas son falsas.

51. ¿Qué es falso sobre las conservas?

a) Son productos enlatados y esterilizados.
b) Es necesario mantenerlos en frío.
c) Se almacena en lugar seco y bien ventilado.
d) Duran mucho tiempo.

52. ¿Qué es la rotura de *stock*?

a) El deterioro de la mercancía.
b) La ausencia total de mercancía por agotamiento.
c) La acumulación de determinados artículos.
d) La falta de determinados artículos.

53. ¿Qué es el índice de obsolescencia?

a) La relación entre el número de entradas de un artículo, y la rotación del mismo.
b) Las veces que se renueva un artículo.
c) Un ratio de control en la gestión de almacén.
d) Son correctas las respuestas a) y c).

54. El stock de seguridad:

a) Es el que viene determinado por la capacidad de almacenaje.
b) Es el stock previsto para demandas inesperadas o retrasos en las entregas de los proveedores.

c) Indica el punto de consumo de existencias en el que es necesario reponerlas.
d) Todas son correctas.

55. La temperatura de los alimentos ultracongelados deberá ser estable y mantenerse en todas las partes del producto a una temperatura de:

a) –18 ºC o menos.
b) –15 ºC o menos.
c) –12 ºC o menos.
d) –10 ºC o menos.

56. ¿Cómo se colocarán los alimentos cuando solo se dispone de una cámara?

a) Las verduras arriba.
b) En la parte más baja los platos preparados.
c) Los platos elaborados arriba y los crudos más abajo.
d) Las carnes en la parte más alta.

57. ¿Cómo se debe evitar que se rompa la cadena del frío?

a) Evitando comprar alimentos congelados.
b) Cargando al máximo los congeladores.
c) Abriendo las puertas el tiempo mínimo imprescindible.
d) Protegiendo los alimentos con aluminio o plásticos autorizados para alimentos.

58. ¿En qué consiste la rotación de los productos almacenados?

a) En mover las cajas para que no se acumule polvo sobre ellos.
b) En colocar delante los productos que se van adquiriendo, para consumirlos antes.
c) En colocar en primer lugar los productos que ya estaban almacenados, y que tendrán fecha de caducidad más próxima, de manera que se consuman antes.
d) En cambiar de cámara los productos frescos, para que no generen olor.

59. ¿Cuál de los siguientes productos es semiperecedero?

a) Jamón cocido.
b) Carne fresca.
c) Yogures.
d) Fruta.

60. ¿De qué manera alargan la vida útil de los alimentos, los métodos de conservación?

a) Impidiendo que los microorganismos se multipliquen en el alimento.
b) Impidiendo que se produzcan reacciones químicas que deterioren los alimentos.
c) Reduciendo el número de microorganismos que hay en un alimento.
d) Todas son correctas.

61. ¿Cuál de los siguientes alimentos no es una conserva?

a) Embutidos.
b) Tallarines.
c) Mojama.
d) Yogur.

62. ¿Cuál de las siguientes afirmaciones acerca de la congelación no es cierta?

a) Es un método de conservación que se basa en la inhibición del crecimiento bacteriano.
b) La más correcta es la congelación rápida, ya que la lenta puede deteriorar los alimentos.
c) Se trata de mantener el alimento a una temperatura superior a −18 ºC.
d) La ultracongelación equivale a congelación rápida.

63. ¿Cuál es la función de un abatidor de temperatura?

a) Reducir rápidamente la temperatura de cualquier producto.
b) Aumentar rápidamente la temperatura de un producto hasta 70 ºC en el centro.
c) Conservar los alimentos.
d) Descongelar los alimentos.

64. ¿Cuál de las siguientes afirmaciones sobre la pasteurización es correcta?

a) Es un tratamiento térmico que destruye los microorganismos patógenos, es decir, aquellos que pueden perjudicar la salud del consumidor.
b) Se utiliza cuando un tratamiento de esterilización alteraría las características organolépticas del alimento.
c) Como ofrece menos garantía que la esterilización, va acompañado de otros métodos de conservación como frío o envases tipo brick.
d) Todas las afirmaciones anteriores son correctas.

65. ¿Cuál es la temperatura máxima de conservación de un alimento congelado?

a) −18 ºC.
b) +18 ºC.
c) 0 ºC.
d) 5 ºC.

66. Los boquerones en vinagre son un tipo de conserva de pescado. ¿En qué se basa?

a) En la deshidratación.
b) En la acidificación.
c) En la liofilización.
d) No están conservados.

67. ¿Qué es el encurtido?

a) Un tipo de pepinillo.
b) Un método de conservación que utiliza la temperatura.
c) Un método de conservación que utiliza vinagre.
d) Una forma de preparar pescado.

68. ¿Qué es la salmuera?

a) Un tipo de pescado.
b) Una especia.
c) Sal disuelta en agua.
d) Un método de conservación por frío.

69. ¿Qué alimentos se pueden salar para conservarlos?

a) Pescados.
b) Carnes.
c) Hortalizas.
d) Todos los anteriores.

70. ¿Qué vehículos se utilizarán para el transporte de leche?

a) Vehículos isotermos de fácil limpieza.
b) Cualquier vehículo si la distancia de desplazamientos es superior a 200 kilómetros.
c) Camiones congeladores.
d) Vehículos similares a los utilizados para el transporte de fruta y verdura.

71. ¿Cómo podrá evitar la desecación de los productos frescos durante su almacenamiento?

a) Bajando la temperatura de almacenamiento.
b) Subiendo la temperatura de almacenamiento.
c) Protegiéndolo con papel de polietileno.
d) Aumentando la humedad de la cámara.

72. ¿En qué fase se multiplican los microorganismos?

a) Fase lago-fase inicial.
b) Fase estacionaria.
c) Fase de crecimiento exponencial.
d) Fase de muerte.

73. ¿Cómo se puede impedir la multiplicación de microorganismos en los alimentos?

a) Disminuyendo de la temperatura.
b) Eliminando el agua.

c) Acidificando el medio.
d) Todas las respuestas son correctas.

74. ¿Para cuál de los siguientes productos se utiliza la pasteurización como método de conservación?

a) Anchoas.
b) Jamón.
c) Verduras.
d) Zumos.

75. ¿Para qué se utiliza el autoclave con agitación?

a) Higienizar alimentos.
b) Esterilizar líquidos.
c) Pasteurizar natas.
d) Todas son correctas.

76. ¿Qué tipo de congelación de alimentos produce cristales de hielo que dañan la estructura del producto?

a) Congelación artificial.
b) Congelación rápida.
c) Congelación lenta.
d) Congelación natural.

77. ¿Qué alimento es uno de los más idóneos para que se ultracongele fresco, ya que además de la ganancia nutricional se evita ciertas parasitosis, como la del anisakis?

a) Verdura.
b) Fruta.
c) Pescado.
d) Legumbres.

78. ¿Qué sistema de congelación mediante aire forzado es aquel donde el aire fluye perpendicular hacia la superficie del producto?

a) Congeladores de lecho fluido.
b) Congeladores de banda espiral.
c) Congeladores de circulación dividida de aire.
d) Congeladores de choque.

79. ¿Qué sistema de congelación reduce la oxidación que produciría el contacto con el aire?

a) Congeladores por contacto directo.
b) Congeladores de circulación dividida de aire.

c) Congeladores de choque.
d) Congeladores de lecho fluido.

80. El ahumado en caliente se emplea para:

a) Salchichas.
b) Jamón.
c) Salmón.
d) Queso.

En MADTEST tienes **más preguntas de este tema, comentadas y argumentadas**, y todos tus avances quedan registrados y se reflejan en el ranking.

¡Supera tus límites con MADTEST!

Solución al test n.º 3

1. d) Cafeína.

2. b) Los derivados cárnicos son productos alimenticios preparados total o parcialmente con carnes o despojos sometidos a operaciones específicas.

3. a) Aquellos animales que viven en el agua y son comestibles.

4. c) El pescado fresco tiene mayor valor nutritivo que el congelado.

5. d) Cuando no ha sido refrigerado ni conservado por ningún método.

6. c) Averiado.

7. b) Legumbres.

8. b) Bacón.

9. c) Colorante.

10. b) Debe recibir algún tratamiento térmico.

11. c) Frutas carnosas.

12. c) Todo producto que, sin fines engañosos o fraudulentos, pretenda sustituir en todo o en parte a un alimento.

13. a) Eliminación de agua.

14. c) Coliflor y zanahoria curadas en salmuera, y conservadas en vinagre y sal.

15. c) 63-73 g.

16. a) Legumbre verde.

17. d) Es el producto obtenido por la cocción reiterada de los frutos en jarabes.

18. b) La leche de vaca.

19. d) Todas son correctas.

20. c) Tocino.

21. b) Un 50 % en peso de grasa.

22. d) Todos los anteriores.

23. d) Todas las anteriores.

24. c) Manteca de coco.

25. b) Es la grasa que recubre los riñones del cerdo, mesenterios y epiplones, extraída directamente del animal.

26. b) En su elaboración se permite la adición de sal.

27. a) Sustancias que se añaden a los alimentos, de manera intencionada, con el objetivo de modificar o mejorar sus cualidades.

28. a) Alimentos crudos.

29. c) Productos limpios y envasados.

30. d) Quinta.

31. c) 3.

32. a) Abastecimiento de lo necesario.

33. c) Almacenables.

34. b) No fungibles.

35. d) Son válidas las respuestas a) y b).

36. a) En abastecer al centro de los productos o materiales necesarios para su actividad normal, y realizar las acciones adecuadas para que no falten, ni se acumulen en exceso.

37. c) Planificación de necesidades, compra, almacenamiento y control de inventarios.

38. d) Todas las respuestas son ciertas.

39. d) Por cualquiera de los sistemas anteriores.

40. c) Sistema de revisión perfecto.

41. c) El sabor de los alimentos recibidos.

42. c) Aquella a la que no sufran alteraciones.

43. b) Las partes metálicas irán revestidas por capas anticorrosión.

44. c) Aquellos que con una manipulación correcta no van a sufrir alteraciones.

45. a) En poner los últimos productos adquiridos o los de fecha más alejada en lugares menos accesibles.

46. c) Asegurar que se consumirán primero los que pueden estropearse antes.

47. a) Semiconserva.

48. a) Las semiconservas necesitan frio y las conservas no.

49. c) Porque pueden contener microorganismos.

50. b) Barrer en seco.

51. b) Es necesario mantenerlos en frío.

52. d) La falta de determinados artículos.

53. d) Son correctas las respuestas a) y c).

54. b) Es el *stock* previsto para demandas inesperadas o retrasos en las entregas de los proveedores.

55. a) –18 ºC o menos.

56. c) Los platos elaborados arriba y los crudos más abajo.

57. c) Abriendo las puertas el tiempo mínimo imprescindible.

58. c) En colocar en primer lugar los productos que ya estaban almacenados, y que tendrán fecha de caducidad más próxima, de manera que se consuman antes.

59. a) Jamón cocido.

60. d) Todas las anteriores.

61. b) Tallarines.

62. c) Se trata de mantener el alimento a una temperatura superior a –18 ºC.

63. a) Reducir rápidamente la temperatura de cualquier producto.

64. d) Todas las afirmaciones anteriores son correctas.

65. a) –18 ºC.

66. b) En la acidificación.

67. c) Un método de conservación que utiliza vinagre.

68. c) Sal disuelta en agua.

69. d) Todos los anteriores.

70. a) Vehículos isotermos de fácil limpieza.

71. c) Protegiéndolo con papel de polietileno.

72. c) Fase de crecimiento exponencial.

73. d) Todas las respuestas son correctas.

74. d) Zumos.

75. b) Esterilizar líquidos.

76. c) Congelación lenta.

77. c) Pescado.

78. d) Congeladores de choque.

79. a) Congeladores por contacto directo.

80. a) Salchichas.

Acondicionamiento de materias primas: la descongelación, rehidratación. Limpieza, higienización y preelaboración de las materias primas. Cortes y preparaciones básicas de los alimentos

1. ¿Cómo se denomina el fraccionado de los trozos o filetes de carne en porciones de tamaño reducido, mediante máquina o instrumentos cortantes adecuados?

a) Troceado.
b) Fileteado.
c) Picado.
d) Oreo.

2. Si al pelar una hortaliza se ennegrece, ¿qué debemos hacer?

a) Meterla en agua con unas gotas de limón.
b) Restregarla con sal.
c) Limpiarla con unas gotas de lejía.
d) Envolverla en papel de aluminio durante 10 minutos.

3. Es aconsejable lavar las hortalizas que se consumen crudas:

a) Con agua salada.
b) Con agua y unas gotas de lejía.
c) Solamente con agua.
d) Con agua a la que se le añaden unas gotas de limón.

4. En la preparación básica de:

a) Los tomates, se deberá quitar la piel en todos los casos.
b) Las alcachofas, una vez eliminadas las hojas exteriores, se meterán en agua con lejía para evitar su ennegrecimiento.
c) La remolacha roja, se lavará primero sin cortar las ramas o tallos con los que vienen.
d) Las acelgas, solo se utilizarán las hojas, desprendiéndoles los tallos, por no tener ningún valor nutritivo.

5. En cuanto a la judía verde:

a) Solo se aprovecha la vaina.
b) Se limpiará eliminando los filamentos que unen ambas caras de la vaina.
c) La corola leñosa que le sirve para sujetarse a la mata puede usarse como condimento.
d) Una vez pelada se limpiará con agua y abundante sal.

6. Los ajos:

a) Son usados para la elaboración de encurtidos, con sales y aceites.
b) Son bulbos, semillas que crecen sobre tierra, necesitando gran cantidad de agua para su crecimiento.
c) A los dientes se les deberá quitar siempre la película que los protege pues esta es muy dañina.
d) Todas son incorrectas.

7. ¿A qué es debido el ennegrecimiento que presentan algunas hortalizas cuando se les quita la piel protectora?

a) Al alto contenido en agua.
b) A los productos fertilizantes con los que son tratados.
c) A las bacterias y enzimas.
d) A la oxidación.

8. ¿Cuál de los siguientes sistemas es correcto para el pelado de verduras?

a) Con cuchillo o con máquina peladora.
b) Por escaldado.
c) Por asado.
d) Todas las respuestas son correctas.

9. ¿Qué son alcauciles?

a) Judías.
b) Alcachofas.
c) Guisantes.
d) Habas.

10. ¿Cómo es el corte brunoise?

a) Dados pequeños.
b) Láminas.
c) Tiras finas.
d) A gajos.

11. En la preparación de aves, ¿a qué llamamos "albardado"?

a) A la eliminación de las plumas.
b) A sujetar las carnes crudas de ave para mejorar su estética ante el comensal.
c) A envolver el ave en tiras de tocino, para evitar que se reseque al cocinarlo.
d) A eliminar patas, cabeza y cuello.

12. ¿Cómo es el corte de la patata paja?

a) Dados pequeños.
b) Muy fina, se corta con mandolina.
c) Muy gruesa, se corta con cuchillo.
d) Rodajas onduladas.

13. ¿Cuántas raciones aproximadas salen de 1 kg de salmón?

a) 2 raciones.
b) 3 raciones.
c) 4 raciones.
d) 5 raciones.

14. ¿En qué parte de la vaca está el morrillo?

a) En la parte inferior de la pierna.
b) Entre el pecho y el cuello.
c) En la parte exterior de la paletilla.
d) Entre el lomo y el pescuezo.

15. ¿Cómo se cortan las patas de las aves?

a) A golpe de cuchillo.
b) Retorciendo manualmente.
c) Cortando alrededor de la rótula para luego tronchar.
d) Chamuscando.

16. ¿Qué corte del pescado lleva espina?

a) Lomo.
b) Medallón.
c) Suprema.
d) Ninguna respuesta es correcta.

17. ¿Qué parte de la judía verde es comestible?

a) La vaina.
b) La semilla interna.

c) El tallo.
d) Las respuestas a) y b) son correctas.

18. ¿Qué operaciones se realizan en la zona de carnes de la sección de preparación?

a) Fileteado.
b) Picado.
c) Limpieza de aves.
d) Todas las respuestas son correctas.

19. ¿Qué operación se realiza en la zona de preparación de pescado?

a) Pelado.
b) Escurrido.
c) Desespinado.
d) Todas son ciertas.

20. Durante la tarea de limpieza y preparación de las verduras, ¿dónde irán los desperdicios?

a) Se acumularán sobre la tabla de corte hasta el final de la jornada.
b) Se llevarán directamente al depósito intermedio, que será refrigerado.
c) Se retirarán enseguida de la zona de manipulación y se depositarán en un contenedor situado cerca.
d) Las respuestas a) y b) son correctas.

21. ¿Cómo se lavará la carne?

a) Bajo el chorro de agua cuando está troceada.
b) Con agua potable.
c) Solo cuando la canal está entera.
d) No se lavará la carne.

22. ¿Qué es la aleta?

a) Carne que está sobre las costillas.
b) Parte inferior de la pierna.
c) Parte situada sobre el esternón y parte de las costillas.
d) El cuello del animal.

23. ¿Cómo se denomina la parte del vacuno situada por encima de las costillas, que está más cercana al cuarto delantero?

a) Lomo alto.
b) Lomo bajo.

c) Solomillo.
d) Contra.

24. ¿Cuál es la carne con grasa de la parte ventral del cerdo?

a) Codillo.
b) Jamón.
c) Aguja.
d) Panceta.

25. ¿Cuál de los siguientes se denomina escalope?

a) Filete fino de tamaño pequeño, que se sirve salteado o breseado si se obtiene de piezas duras como redondo o contra.
b) Fracción de unos 125 gramos, que se puede obtener de distintas piezas.
c) Filete no muy grueso que se empana y fríe.
d) Porción gruesa que se obtiene del morcillo.

26. ¿Qué es el pelado de un ave?

a) Quitar las plumas.
b) Quitar la piel.
c) Quitar las patas y cabeza.
d) Todas las respuestas son correctas.

27. ¿Dónde harías la incisión en el pescado para eviscerar?

a) En la parte inferior.
b) En la parte superior.
c) En la parte dorsal.
d) En la parte posterior.

28. ¿Cómo es el corte de patata española?

a) Fina como una cerilla.
b) De un centímetro aproximadamente.
c) Muy gorda, rectangular y alargada.
d) Ninguna respuesta es correcta.

29. Indica cuál de las siguientes opciones con respecto al acondicionamiento de la materia prima es falsa:

a) Los elementos decorativos, no comestibles, que se introduzcan en la presentación de las comidas no deberán en ningún caso estar en contacto directo con las mismas.
b) Se debe evitar el contacto entre los alimentos crudos y las comidas preparadas durante la preparación de las mismas o durante su conservación.

c) Las comidas deberán prepararse con la menor anticipación posible al tiempo de consumo, salvo las que vayan a ser congeladas.

d) Deben cortarse sobre la misma tabla, carne cruda y carne cocinada.

30. ¿Cómo se denomina el conjunto de operaciones que realizamos antes del servicio en el establecimiento?

a) Manipulación o *non en place*.
b) Puesta a punto o *mise en place*.
c) Acondicionamiento.
d) Transformación primaria.

31. La limpieza de la materia prima es imprescindible:

a) Solo si va a ser sometida a tratamientos térmicos.
b) Solo si se va a consumir en crudo.
c) Tanto si va a ser sometida a tratamientos térmicos durante la cocción, o se va a consumir en crudo.
d) No es imprescindible la limpieza de la materia prima.

32. La limpieza de la materia prima se realiza para:

a) Eliminar potenciales microorganismos que pueden perjudicar la salud.
b) Eliminar impurezas procedentes de su origen, como puede ser tierra adherida.
c) Eliminar impurezas contraídas por la manipulación o/y transporte.
d) La limpieza de la materia prima se realizará por todo lo antes mencionado.

33. ¿Qué se permite en la preparación de la nata?

a) La adulteración por adición o sustracción de elementos propios o no de la leche.
b) La sustitución de la grasa por otras extrañas.
c) Ambas acciones están permitidas.
d) Nada de lo anterior está permitido.

34. ¿Qué equipamiento contiene el área de cocina caliente?

a) El área de cocina caliente debe tener un fregadero, para el lavado de ollas, sartenes, y todo el menaje utilizado en la cocina caliente.
b) Cámaras congeladora y refrigeradores.
c) Almacén de productos perecederos y frutas.
d) Todas son correctas.

35. ¿Qué pieza de la media canal no pertenece al cuarto delantero del ganado vacuno?

a) Aleta.
b) Morrillo.

c) Solomillo.
d) Morcillo.

36. ¿Qué pieza del cuarto delantero del vacuno es la parte situada sobre el esternón y parte de las costillas?

a) Aleta.
b) Morcillo.
c) Aguja.
d) Llana.

37. ¿A qué pieza del ganado vacuno se le llama contra?

a) Es aquella zona del cuarto delantero, parte central de la cara externa de la pierna.
b) Es aquella zona del cuarto trasero, parte central de la cara externa de la pierna.
c) Es aquella zona del cuarto trasero, parte delantera de la pierna, desde la rodilla a la cadera.
d) Es aquella zona del cuarto trasero, parte situada por encima de las costillas, que está más cercana al cuarto delantero.

38. El músculo alargado del ganado vacuno situado en la parte exterior de la paletilla se denomina:

a) Pez.
b) Aguja.
c) Panceta.
d) Tapilla.

39. ¿Qué sinónimo se emplea en el fileteado de nombre *villagodio*?

a) *T-bone steak*.
b) *Rumpsteak*.
c) Entrecot.
d) Chuletón.

40. Un ave gallinácea, con las crestas desarrolladas y de colores vivos será un animal:

a) Muy joven.
b) Joven.
c) Adulto.
d) Viejo.

41. Las aves sacrificadas y libres de pluma se denominan:

a) Desplumadas.
b) Difuntas.

c) Enteras.
d) Parciales.

42. Si quedan abundantes plumones o plumas en la piel del ave para su limpieza, lo mejor que se debe hacer es proceder a su eliminación, por medio:

a) De tirones individuales a dichos anejos directamente con la mano.
b) De tirones individuales a dichos anejo empleando pinzas u otro útil mecánico.
c) De flameado del exterior del ave, sin dar directamente en la misma.
d) No hacer nada.

43. ¿Qué procedimiento consiste en envolver el ave en tiras de tocino, para evitar que al cocinarlo el calor reseque la carne?

a) Cuarteado.
b) Albardado.
c) Bridado.
d) Despojado.

44. El pescado se debe limpiar:

a) Con agua y productos desinfectantes.
b) Con agua muy fría y sustancias antianisaki.
c) Con agua y sal.
d) Solo con agua.

45. ¿Qué procedimiento de preparación del pescado consiste en cortar las aletas con una tijera hacia la cabeza?

a) Desbardado.
b) Eviscerado.
c) Desaletado.
d) No es ninguno de los anteriores.

46. El corte de pescado en forma de porción sin espina, con o sin piel, obtenida por corte del lomo se denomina:

a) Trancha.
b) Suprema.
c) Poupieta.
d) Falda.

47. Las faldas en el pescado se denominan también:

a) Ventrescas.
b) Collares.

c) Alas.

d) Todas las denominaciones anteriores son sinónimas.

48. ¿Con qué finalidad se "bridan" aves, carnes o pescados? Para:

a) Evitar que pierdan su forma durante la cocción.

b) Evitar que el producto se pegue al fondo del rondón.

c) Facilitar su cocción.

d) Dar aroma al producto.

49. ¿Qué es la regeneración de un alimento?

a) El calentamiento para que se termine de cocinar.

b) La puesta en temperatura para su consumo.

c) Un sistema de cocción.

d) El descenso de temperatura de un alimento, de forma rápida.

50. Indica la respuesta correcta:

a) Las comidas deberán prepararse con la menor anticipación posible al tiempo de consumo, salvo las que vayan a ser congeladas.

b) Las comidas deberán prepararse con la menor anticipación posible al tiempo de consumo, salvo las que vayan a ser refrigeradas.

c) Las comidas deberán prepararse con la mayor anticipación posible al tiempo de consumo, salvo las que vayan a ser congeladas.

d) Las comidas deberán prepararse con la mayor anticipación posible al tiempo de consumo, en cualquier caso.

51. Indica la afirmación falsa:

a) La materia prima se retirará de las cámaras al inicio de la jornada de trabajo para que vaya tomando temperatura antes de su uso.

b) La materia prima se retirará de la cámara y se comprobarán las condiciones higiéni-co-sanitarias de aptitud para consumo.

c) La materia prima no deberá tener contacto con las comidas preparadas.

d) Nunca deben cortarse sobre la misma tabla, carne cruda y carne cocinada.

52. ¿En cuál de los siguientes casos se ha producido contaminación cruzada?

a) Contaminación de una carne asada cortada con un cuchillo usado para carne cruda.

b) Contaminación de un pescado manipulado en una superficie donde se cortaron verduras crudas, que no ha sido higienizada previamente.

c) Contaminación de una hortaliza tras ser manipulada por la misma persona y al mismo tiempo que la carne cruda.

d) Todas las respuestas son correctas.

53. ¿Qué medida es eficaz para prevenir la contaminación cruzada?

a) Utilización de tablas del mismo color para la materia prima.

b) Poner el nombre del manipulador en el mango del cuchillo, para evitar utilizar el del compañero.

c) Disponer de espacios distintos para la preparación de los alimentos crudos y los cocinados.

d) Todas las respuestas son correctas.

54. ¿Cómo se pueden ver los parásitos presentes en el pescado?

a) A veces a simple vista, y otras sobre una superficie transparente que es iluminada por debajo.

b) Con ayuda de un microscopio electrónico.

c) Después de cocinarlo, mirando el fondo del recipiente de cocción.

d) No se pueden ver.

55. ¿Por qué método mueren los parásitos del pescado?

a) Cocción ligera.

b) Refrigeración prolongada.

c) Consumo en crudo y con vinagre.

d) Congelación.

En MADTEST tienes **más preguntas de este tema, comentadas y argumentadas**, y todos tus avances quedan registrados y se reflejan en el ranking.

¡Supera tus límites con MADTEST!

Solución al test n.º 4

1. c) Picado.

2. a) Meterla en agua con unas gotas de limón.

3. b) Con agua y unas gotas de lejía.

4. c) La remolacha roja, se lavará primero sin cortar las ramas o tallos con los que vienen.

5. b) Se limpiará eliminando los filamentos que unen ambas caras de la vaina.

6. a) Son usados para la elaboración de encurtidos, con sales y aceites.

7. d) A la oxidación.

8. d) Todas las respuestas son correctas.

9. b) Alcachofas.

10. a) Dados pequeños.

11. c) Envolver el ave en tiras de tocino, para evitar que se reseque al cocinarlo.

12. b) Muy fina, se corta con mandolina.

13. d) 5.

14. b) Entre el pecho y el cuello.

15. c) Cortando alrededor de la rótula para luego tronchar.

16. d) Ninguna respuesta es correcta.

17. d) Las respuestas a) y b) son correctas.

18. d) Todas las respuestas son correctas.

19. c) Desespinado.

20. c) Se retirarán enseguida de la zona de manipulación y se depositarán en un contenedor situado cerca.

21. b) Con agua potable.

22. c) Parte situada sobre el esternón y parte de las costillas.

23. a) Lomo alto.

24. d) Panceta.

25. c) Filete no muy grueso que se empana y fríe.

26. a) Quitar las plumas.

27. a) En la parte inferior.

28. b) De un centímetro aproximadamente.

29. d) Deben cortarse sobre la misma tabla, carne cruda y carne cocinada.

30. b) Puesta a punto o mise en place.

31. c) Tanto si va a ser sometida a tratamientos térmicos durante la cocción, o se va a consumir en crudo.

32. d) La limpieza de la materia prima se realizará por todo lo antes mencionado.

33. d) Nada de lo anterior está permitido.

34. a) El área de cocina caliente debe tener un fregadero, para el lavado de ollas, sartenes, y todo el menaje utilizado en la cocina caliente.

35. c) Solomillo.

36. a) Aleta.

37. b) Es aquella zona del cuarto trasero, parte central de la cara externa de la pierna.

38. a) Pez.

39. d) Chuletón.

40. c) Adulto.

41. c) Enteras.

42. c) De flameado del exterior del ave, sin dar directamente en la misma.

43. b) Albardado.

44. d) Solo con agua.

45. a) Desbardado.

46. b) Suprema.

47. d) Todas las denominaciones anteriores son sinónimas.

48. a) Evitar que pierdan su forma durante la cocción.

49. b) La puesta en temperatura para su consumo.

50. a) Las comidas deberán prepararse con la menor anticipación posible al tiempo de consumo, salvo las que vayan a ser congeladas.

51. a) La materia prima se retirará de las cámaras al inicio de la jornada de trabajo para que vaya tomando temperatura antes de su uso.

52. d) Todas las respuestas son correctas.

53. c) Disponer de espacios distintos para la preparación de los alimentos crudos y los cocinados.

54. a) A veces a simple vista, y otras sobre una superficie transparente que es iluminada por debajo.

55. d) Congelación.

TEST N.º 5

Manipulación de los alimentos. Requisitos de los manipuladores de alimentos. Alteraciones de los alimentos. Contaminación de los alimentos. Medios de transmisión de los gérmenes y condiciones que favorecen su desarrollo. El plato testigo. Calidad e inocuidad en cocina hospitalaria

1. Todo manipulador de alimentos debe respetar las siguientes normas de higiene:

a) Lavado de manos con agua caliente y jabón.
b) Fumar, toser o estornudar sobre el alimento.
c) Usar mascarilla exclusivamente para la manipulación de productos que se consumirán en crudo.
d) Todas son correctas.

2. ¿Quién impartirá la formación a los manipuladores de alimentos?

a) La propia empresa o una entidad autorizada por la autoridad sanitaria competente.
b) La propia empresa siempre.
c) La autoridad competente.
d) Una empresa auditora.

3. ¿Cuál es la definición correcta de "Higiene Alimentaria", según la Organización Mundial de la Salud?

a) El conjunto de medidas necesarias para asegurar la salubridad de un producto.
b) El conjunto de medidas necesarias para asegurar la inocuidad de un producto.
c) El conjunto de medidas necesarias para asegurar el buen estado de los productos.
d) El conjunto de medidas necesarias para asegurar la salubridad, inocuidad y buen estado de los productos destinados a la alimentación, en todas las etapas de su preparación.

4. ¿Qué requisitos exige el Reglamento 852/2004 del Parlamento Europeo, para los locales destinados a los productos alimenticios?

a) Habrá ventilación artificial para evitar tener que hacer control de temperatura.
b) Se evitarán las corrientes de aire desde zonas contaminadas a zonas limpias.

c) Dispondrán siempre de buena iluminación natural.

d) Todas las respuestas son correctas.

5. El Reglamento 852/2004 establece las disposiciones aplicables a los productos alimenticios, ¿cuál de las siguientes es falsa?

a) Las materias primas e ingredientes se almacenarán en condiciones adecuadas, que permitan evitar su deterioro y protegerlos de la contaminación.

b) Las materias primas o productos no deberán conservarse a temperaturas que puedan dar lugar a riesgos para la salud.

c) Cuando un operador de empresa alimentaria prevea razonablemente que una materia prima pueda estar contaminada, la someterá a cocción prolongada para eliminar los microorganismos.

d) La descongelación se hará de modo que se reduzca al mínimo el riesgo de multiplicación de microorganismos patógenos o la formación de toxinas.

6. ¿Qué norma establece las infracciones en materia de seguridad alimentaria y las sanciones correspondientes?

a) El Reglamento 852/2004 del Parlamento Europeo y del Consejo, de 29 de abril, relativo a la higiene de los productos alimenticios.

b) La Ley 17/2009, de 23 de noviembre.

c) El Real Decreto 202/2000, de 11 de febrero, por el que se establecen las normas relativas a los manipuladores de alimentos.

d) La Ley 17/2011, de 5 de julio, de seguridad alimentaria y nutrición.

7. ¿Qué es un portador sano?

a) Persona que sin presentar síntomas de enfermedad, puede transmitir gérmenes a los alimentos y causar daños en otras personas.

b) Persona con alguna patología que trabaja de pinche de cocina.

c) Persona que presenta síntomas de enfermedad, puede transmitir gérmenes a los alimentos y causar daños en otras personas.

d) Persona ajena a la cocina que es portadora de bacterias.

8. ¿Se puede utilizar agua corriente para el vapor que entra en contacto con los alimentos?

a) Sí, siempre que no contenga ninguna sustancia que entrañe peligro para la salud o pueda contaminar el producto.

b) No, nunca.

c) Sólo si el agua es no potable.

d) El Reglamento 852/2004 no habla de este aspecto.

9. ¿Qué es el sistema APPCC?

a) Un instrumento para ayudar a logra niveles elevados de seguridad alimentaria.

b) Un sistema de control de personal.

c) Un método para definir los procesos de producción.
d) Una guía de buenas prácticas.

10. En las instalaciones donde se manipulan alimentos, está...

a) Prohibido fumar, comer, mascar chicle, escupir o cualquier cosa no higiénica que pueda contaminar los alimentos.
b) Prohibido fumar, pero sí se puede comer.
c) No se puede mascar chicles, pero se puede comer.
d) Está prohibido mascar chicle, pero se puede fumar.

11. ¿Cuál es la normativa vigente en materia de formación de manipuladores de alimentos?

a) Real Decreto 202/2000, de 11 de febrero.
b) Reglamento (CE) n. º 852/2004 del Parlamento Europeo y del Consejo, de 29 de abril.
c) Real Decreto 109/2010, de 5 de febrero.
d) Ley 17/2009, de 23 de noviembre.

12. ¿Establece la normativa vigente algún requisito higiénico para los equipos de cocina?

a) No, no hay requisitos específicos sobre higiene.
b) Obliga a que lleven dispositivos de control en todo caso.
c) Cuando estén en contacto con los alimentos deberán limpiarse y desinfectarse con frecuencia.
d) Diariamente deberán desmontarse para su limpieza.

13. ¿Qué dice el Reglamento 852/2004 sobre los contenedores de desperdicios de productos alimenticios?

a) Estarán provistos de cierre y se mantendrán limpios.
b) Tendrán una capacidad de 10 metros cúbicos.
c) Serán de color negro.
d) Todas las respuestas son correctas.

14. ¿Qué puede ocurrir cuando el alimento es contaminado por microorganismos y tiene cambios en sus características organolépticas?

a) Probablemente sea rechazado antes de su consumo.
b) Hay mayor riesgo.
c) La contaminación es más grave.
d) Es salmonelosis.

15. ¿Qué tipo de alimento es el arroz?

a) Perecedero.
b) Semiperecedero.
c) No perecedero.
d) Inestable.

16. ¿A qué temperatura mueren la mayoría de los microorganismos?

a) A -18 °C.
b) A 50 °C.
c) A 65 °C.
d) A 100 °C.

17. ¿Cuáles de los siguientes microorganismos son parásitos?

a) Salmonella, Clostridium y Vibrio.
b) Hepatitis, Norwalk y Virus de la encelopatía espongiforme bovina.
c) Triquina, Anisakis y protozoos.
d) Todas las respuestas son correctas.

18. ¿Cuál de las siguientes bacterias se puede encontrar en las ostras?

a) Yersinia.
b) *Campylobacter.*
c) *Bacillus.*
d) Estafilococo.

19. ¿Cuál de las siguientes bacterias se puede encontrar en la harina?

a) Yersinia.
b) *Campylobacter.*
c) *Bacillus.*
d) Estafilococo.

20. ¿Qué síntomas se producen en la brucelosis?

a) Fiebre, dolor de cabeza y pérdida de apetito.
b) Fiebre, dolor muscular y parálisis facial.
c) Diarreas hemorrágicas.
d) Ninguno de los anteriores.

21. ¿De dónde proceden las micotoxinas?

a) Alimentos.
b) Hongos.

c) Agua.
d) Vías respiratorias altas.

22. ¿Qué problemas causa el virus Norwalk?

a) Hemorragia.
b) Parálisis.
c) Gastroenteritis.
d) Muerte.

23. ¿Qué enfermedad es la encefalopatía espongiforme bovina?

a) Enfermedad de las vacas locas.
b) Hepatitis A.
c) Cólera.
d) Ninguna de las anteriores.

24. ¿Qué alimento puede portar el parásito causante de la triquinosis?

a) Fruta.
b) Pescado.
c) Carne.
d) Verdura.

25. ¿Qué es el Anisakis?

a) Un virus.
b) Un parásito.
c) Una bacteria.
d) Un hongo.

26. ¿Cuál de las siguientes es función del Servicio de Nutrición Clínica?

a) Establecer las características nutritivas, energéticas y de textura correspondiente a los distintos tipos de dieta.
b) Realizar los reconocimientos médicos periódicos al personal.
c) Control de las condiciones higiénico-sanitarias de las instalaciones.
d) Todas las anteriores son funciones de este servicio.

27. ¿Cuál de las siguientes no es función del Servicio de Medicina Preventiva?

a) Vigilancia de la salud.
b) Control microbiológico de los alimentos.

c) Información y formación de los trabajadores.
d) Control de la adquisición de alimentos.

28. ¿Qué personal lleva a cabo la elaboración de menús?

a) Dietistas.
b) Enfermeras.
c) Personal médico.
d) Personal de cocina.

29. ¿Qué relación tiene la vigilancia de la salud del personal con la alimentación del paciente?

a) Las dos son función exclusiva del servicio de Medicina Preventiva.
b) Las dos son función del servicio de Nutrición Clínica.
c) Determinados problemas de salud son incompatibles con la manipulación de alimentos por el riesgo de contagio al paciente.
d) No tienen ninguna relación.

30. ¿Cuál de las siguientes afirmaciones no es correcta?

a) El médico puede prescribir una dieta como parte de un tratamiento.
b) La dieta debe satisfacer las necesidades alimenticias del paciente.
c) El Servicio de Nutrición Clínica prescribirá las dietas terapéuticas.
d) El médico prescribirá las dietas terapéuticas.

31. ¿Quién definirá los platos que componen cada tipo de dieta?

a) El Servicio de Nutrición Clínica.
b) El Servicio de Medicina Preventiva.
c) El Médico.
d) El Servicio de Cocina.

32. ¿En qué consiste la planificación de las dietas?

a) Dentro de cada tipo de dieta se establecerán primeros platos, segundos platos y postres que cumplan las especificaciones de las mismas.
b) Elaborar un libro de dietas estableciendo las características nutritivas, energéticas y de textura correspondiente a los distintos tipos de dieta que se ofrecen en el Hospital.
c) Elaboración de otras dietas con requerimientos específicos no contemplados en las que tienen establecidas.
d) Ninguna es correcta.

33. ¿A quién corresponde el control de la elaboración, distribución, aceptación y consumo por parte de los pacientes?

a) Al Servicio de Medicina Preventiva.
b) Al Servicio de Nutrición Clínica.

c) Al Servicio de Cocina.
d) A ninguno de los anteriores.

34. ¿Con qué objetivo se realizarán estudios de los accidentes de trabajo y enfermedades profesionales entre el personal de cocina?

a) Sólo con fines estadísticos.
b) Para conocer la preparación de cada trabajador para su puesto.
c) Para detectar y evitar los riesgos.
d) Ninguna es correcta.

35. ¿Cuál de las siguientes no es función del Servicio de Medicina Preventiva?

a) Vigilancia de la salud.
b) Información y formación de los trabajadores.
c) Información y adiestramiento sobre las necesidades y hábitos alimenticios.
d) Control microbiológico de los alimentos.

36. ¿Qué criterios de calidad aplicará el Pinche de cocina en el trabajo de manipulación de alimentos?

a) Máximo aprovechamiento de los géneros.
b) Aplicación de técnicas adecuadas de cocción de los alimentos.
c) Maximización del uso de los equipos y medios energéticos.
d) Todas las respuestas son correctas.

37. Para definir un plan de calidad, ¿qué criterios se utilizarán?

a) Criterios subjetivos.
b) Criterios objetivos.
c) Criterios generales.
d) La calidad es siempre subjetiva, por lo que no se deben establecer criterios.

38. ¿Cuál de los siguientes es un objetivo de un plan de calidad?

a) El producto o servicio resultarán satisfactorios para el cliente, respondiendo a sus expectativas.
b) El proceso para su obtención será tecnológicamente posible.
c) El servicio se realizará en condiciones adecuadas, tanto higiénicas como tecnológicas.
d) Todas las respuestas son correctas.

39. ¿Cuál sería la primera fase en un proceso de control de calidad?

a) Detección de problemas en cualquier fase.
b) Determinar las causas.
c) Proponer medidas correctoras, e implantarlas.
d) Verificar que se ha resuelto el problema.

40. ¿Cuál de las siguientes no es una característica del plan de calidad?

a) Flexibilidad.
b) Rigidez.
c) Revisión permanente.
d) Dirigido a la mejora continua.

41. ¿Cuál de los siguientes es un sistema de calidad específico para las empresas turísticas españolas?

a) Sistema ISO.
b) Modelo EFQM.
c) Sistema de Calidad Turístico Español.
d) Todas las respuestas son correctas.

42. ¿Qué es la marca Q?

a) Marca de calidad turística.
b) Empresa con algún sistema de calidad implantado.
c) Garantía de turismo ecológico.
d) No existe la marca Q.

43. ¿Quién realiza y participa el autocontrol en un plan de calidad?

a) Los niveles jerárquicos más altos.
b) Los niveles jerárquicos más bajos.
c) Todo el personal.
d) Nadie que esté relacionado con la empresa.

44. ¿Quién indica la dieta adecuada para un paciente?

a) La enfermera.
b) El médico.
c) El bromatólogo.
d) El jefe de cocina.

45. ¿Qué objetivo/s tiene el Servicio de Dietética en el Hospital?

a) Elaboración de código de dietas.
b) Calibración de los menús.
c) Controlar el proceso de elaboración y distribución de alimentos.
d) Todas las respuestas son correctas.

46. ¿Qué aspecto de la calidad se vigilará especialmente?

a) Higiene.
b) Sabor.

c) Calidad nutritiva.
d) Se vigilarán todos los anteriores.

47. ¿Cuál de las siguientes es una competencia del Pinche en el proceso de la calidad y seguridad alimentaria en el área de recepción y almacenamiento de mercancías de una cocina?

a) Conservación de equipos y maquinaria según instrucciones de mantenimiento.
b) Supervisar los primeros platos.
c) Uso y manipulación de productos de limpieza siguiendo las instrucciones de seguridad y teniendo en cuenta su posible toxicidad y riesgo para el medio ambiente.
d) Emplatado de comida respetando las condiciones higiénicas básicas.

48. ¿Cuál de las siguientes es una competencia del Pinche en el proceso de la calidad y seguridad alimentaria en el área de distribución y emplatado de una cocina?

a) Conservación, envasado y regeneración de género y elaboraciones siguiendo instrucciones recibidas.
b) Racionado, troceado y picado de materias primas según su utilización y su máximo aprovechamiento.
c) Enchufar carros de baño maría, controlando la temperatura adecuada.
d) Higienización de materiales y equipos de cocina respetando siempre la separación de los circuitos de trabajo y la separación de áreas en cocina.

49. ¿Cuál de estas es una es función del Servicio de Nutrición Clínica?

a) Planificación de las dietas basales.
b) Elaborar menús para dietas terapéuticas.
c) Definir los requerimientos nutricionales de la dieta.
d) Todas las respuestas son correctas.

50. ¿Qué departamento se encarga del estudio de los accidentes de trabajo y las enfermedades profesionales en el Hospital?

a) Las Unidades de Dietética y Nutrición.
b) El departamento o servicio de Medicina Preventiva.
c) La dirección del centro.
d) Los servicios médicos.

En MADTEST tienes **más preguntas de este tema, comentadas y argumentadas**, y todos tus avances quedan registrados y se reflejan en el ranking.

¡Supera tus límites con MADTEST!

Solución al test n.º 5

1. a) Lavado de manos con agua caliente y jabón.

2. a) La propia empresa o una entidad autorizada por la autoridad sanitaria competente.

3. d) El conjunto de medidas necesarias para asegurar la salubridad, inocuidad y buen estado de los productos destinados a la alimentación, en todas las etapas de su preparación.

4. b) Se evitarán las corrientes de aire desde zonas contaminadas a zonas limpias.

5. c) Cuando un operador de empresa alimentaria prevea razonablemente que una materia prima pueda estar contaminada, la someterá a cocción prolongada para eliminar los microorganismos.

6. d) La Ley 17/2011, de 5 de julio, de seguridad alimentaria y nutrición.

7. a) Persona que sin presentar síntomas de enfermedad, puede transmitir gérmenes a los alimentos y causar daños en otras personas.

8. a) Sí, siempre que no contenga ninguna sustancia que entrañe peligro para la salud o pueda contaminar el producto.

9. a) Un instrumento para ayudar a logra niveles elevados de seguridad alimentaria.

10. a) Prohibido fumar, comer, mascar chicle, escupir o cualquier cosa no higiénica que pueda contaminar los alimentos.

11. b) Reglamento (CE) n.º 852/2004 del Parlamento Europeo y del Consejo, de 29 de abril.

12. c) Cuando estén en contacto con los alimentos deberán limpiarse y desinfectarse con frecuencia.

13. a) Estarán provistos de cierre y se mantendrán limpios.

14. a) Probablemente sea rechazado antes de su consumo.

15. c) No perecedero.

16. d) A 100 ºC.

17. c) Triquina, Anisakis y protozoo.

18. a) Yersinia.

19. c) Bacillus.

20. a) Fiebre, dolor de cabeza y pérdida de apetito.

21. b) Hongos.

22. c) Gastroenteritis.

23. a) Enfermedad de las vacas locas.

24. c) Carne.

25. b) Un parásito.

26. a) Establecer las características nutritivas, energéticas y de textura correspondiente a los distintos tipos de dieta.

27. d) Control de la adquisición de alimentos.

28. d) Personal de cocina.

29. c) Determinados problemas de salud son incompatibles con la manipulación de alimentos por el riesgo de contagio al paciente.

30. c) El Servicio de Nutrición Clínica prescribirá las dietas terapéuticas.

31. a) El Servicio de Nutrición Clínica.

32. b) Elaborar un libro de dietas estableciendo las características nutritivas, energéticas y de textura correspondiente a los distintos tipos de dieta que se ofrecen en el hospital.

33. b) Al Servicio de Nutrición Clínica.

34. c) Para detectar y evitar los riesgos.

35. c) Información y adiestramiento sobre las necesidades y hábitos alimenticios.

36. a) Máximo aprovechamiento de los géneros.

37. b) Criterios objetivos.

38. d) Todas las respuestas son correctas.

39. a) Detección de problemas en cualquier fase.

40. b) Rigidez.

41. c) Sistema de Calidad Turístico Español.

42. a) Marca de calidad turística.

43. c) Todo el personal.

44. b) El médico.

45. d) Todas las respuestas son correctas.

46. d) Se vigilarán todos los anteriores.

47. a) Conservación de equipos y maquinaria según instrucciones de mantenimiento.

48. c) Enchufar carros de baño maría, controlando la temperatura adecuada.

49. d) Todas las respuestas son correctas.

50. b) El departamento o servicio de Medicina Preventiva.

TEST N.º 6

Emplatado y distribución: Cocina hospitalaria centralizada y descentralizada, organización, equipamiento y distribución. Métodos de producción: métodos más utilizados para la elaboración de las comidas hospitalarias, marcha hacia delante, línea fría y caliente, definiciones y características. Secciones de preparación, emplatado, distribución a las plantas hospitalarias. Transporte y recogida

1. ¿Dónde se montan las bandejas para su servicio?

a) En la zona de preparación.
b) En la zona de recepción.
c) En la cinta de emplatado.
d) En la mesa caliente.

2. ¿Qué característica tiene la cinta de emplatado?

a) Es móvil y de velocidad fija o regulable.
b) Tiene entre 10 y 15 metros de ancho.
c) Sirve para la distribución de las bandejas una vez montadas.
d) Las respuestas a) y c) son correctas.

3. Indica la característica correcta de las bandejas isotérmicas:

a) No lleva tapa.
b) Ayuda a calentar el alimento.
c) Mantienen la temperatura de los alimentos.
d) Todas las respuestas son correctas.

4. El traslado del carro con los restos de comida forma parte de las operaciones:

a) Del circuito sucio.
b) Del circuito limpio.
c) De desinfección.
d) De higienización.

5. ¿En qué consiste el desbarase o desbarasado de bandejas?

a) En la retirada de todos los elementos utilizados y la eliminación de los restos de comida.
b) En la desinfección de estas.
c) En la colocación adecuada de la comida y elementos utilizados.
d) Es el proceso mediante el cual se limpian y pulen las bandejas para su reciclaje.

6. ¿Qué tipo de residuos es la sobra de comida de la cocina de un hospital?

a) Son residuos sanitarios
b) Son residuos orgánicos.
c) Son residuos tóxicos.
d) Son residuos peligrosos.

7. ¿Dónde se almacenan las bandejas una vez que se han desbarasado y lavado?

a) Se almacenarán el almacén de materiales.
b) Se almacenarán en la zona de sucio hasta su uso.
c) Se almacenarán en la zona de limpio hasta el siguiente uso.
d) Se almacenarán en el almacén de no perecederos.

8. ¿Es necesario el uso de guantes para hacer el desbarasado de bandejas?

a) Siempre.
b) Ocasionalmente.
c) Nunca.
d) Solo cuando hayan estado en contacto con una fuente infecciosa.

9. ¿Cuál de las siguientes es una ventaja del emplatado centralizado?

a) Ofrece más garantías de higiene, por una menor manipulación de los alimentos.
b) Es rápido, gracias al uso de la cinta de emplatado.
c) Facilita la implantación de sistemas de control de calidad.
d) Todas son correctas.

10. ¿Para que utilizan los carros de regeneración?

a) Son carros utilizados para el sistema de cadena caliente.
b) Son carros utilizados para el sistema de cadena fría.
c) Son carros que solo sirven para transportar las bandejas.
d) Todas son falsas.

11. ¿Para qué sirven los aros de montaje en la cocina?

a) Tienen la función de dar formar a los alimentos que se introduzcan en su interior.
b) Su función es la de delimitar los alimentos seleccionados en un área del plato.
c) Proporcionan una forma geométrica a la de los alimentos.
d) Todas son correctas.

12. Las bandejas recipientes antes de ser utilizadas pasarán por una fase de calentamiento a vapor que supera:

a) Los 40 ºC.
b) Los 50 ºC.
c) Los 120 ºC.
d) Los 200 ºC.

13. Una de las siguientes opciones con respecto al emplatado es falsa, señálala:

a) La fase de emplatado consiste en la distribución de los alimentos en raciones individuales para su consumo.
b) Se deben extremar en este proceso las medidas higiénicas.
c) Debe ser un proceso lento y medido para evitar que los alimentos se caigan.
d) La integración del emplatado con las nuevas tecnologías se hace mediante la instalación de cintas de emplatado.

14. Es un inconveniente del emplatado tradicional:

a) Requiere de un equipamiento adecuado y muy específico.
b) Requieren sistemas de tecnología avanzada y técnicos especialistas.
c) Si es necesario recalentar, los alimentos pueden resecarse y sufrir alteraciones en sus cualidades organolépticas.
d) Necesita más personal para realizar el emplatado.

15. ¿En qué consiste el emplatado?

a) En el reparto de los menús entre los pacientes.
b) En el traslado de los peroles con comida hasta las plantas para su servicio.
c) Es el cálculo de las cantidades de comida que hay que elaborar diariamente.
d) Es la distribución de los alimentos en raciones individuales para su consumo.

16. ¿Cómo se mantienen los alimentos calientes hasta su emplatado?

a) En la cinta de emplatado.
b) En baño maría.
c) Con calientaplatos.
d) En carros de regeneración.

17. ¿Qué tipo de bandeja se utiliza para mantener calientes los menús y presentarlos al paciente?

a) Bandeja abierta.
b) Bandeja isotérmica.
c) Bandeja homogénea.
d) Ninguna respuesta es correcta.

18. ¿Qué características tiene la bandeja isotérmica?

a) Compartimentada.
b) Tapada.
c) Individual.
d) Todas las respuestas son ciertas.

19. ¿Qué sistema se utiliza para emplatar en la cocina centralizada?

a) Mesas calientes.
b) Marmitas basculantes.
c) Cinta de emplatado.
d) Ninguna respuesta es correcta.

20. ¿Dónde se coloca el carro para la distribución de las bandejas?

a) Al final de la cinta de emplatado.
b) Al inicio de la cinta de emplatado.
c) A ambos lados de la cinta de emplatado.
d) No es necesario tener el carro cerca durante el proceso.

21. ¿En qué consiste el desbarasado?

a) En la colocación de los menús en las bandejas para su servicio.
b) En el fregado de la vajilla.
c) En la recogida de bandejas.
d) Ninguna respuesta es correcta.

22. Una vez que se han desbarasado las bandejas:

a) Se almacenaran en la zona de limpio hasta su fregado.
b) Las bandejas se depositarán nuevamente en el carro que se utilizó para el reparto.
c) Se lavarán y almacenarán en la zona de limpio hasta el siguiente uso.
d) Todas son correctas.

23. ¿Qué es la tempura?

a) Es una fritura de pescados pequeños. También se denomina "fritura a la Andaluza".
b) Es una fritura rápida japonesa, en especial para los mariscos y verduras.

c) Es una guarnición compuesta de zanahorias glaseadas, tocino cortado en dados, salteado y dados de patata frita.

d) Es una ensalda compuesta de patatas cocidas en rodajas, judías verdes cocidas, tomates en rodajas, alcaparras, aceitunas y filetes de anchoas.

24. ¿La cocción al vapor con alta presión se realiza a una temperatura de hasta?

a) 50º C.
b) 80º C.
c) 100º C.
d) 120º C.

25. ¿Qué tipo de fritura es el empanado?

a) Con protección.
b) Sin protección.
c) Es una fritura rápida japonesa.
d) Ninguna es correcta.

26. ¿Cuál de las siguientes afirmaciones sobre el sistema de producción en cadena fría es correcta?

a) Los alimentos se preparan en el momento del servicio y se consumen de inmediato.
b) Se conservan en frío tras su elaboración y se regeneran antes de su consumo.
c) Requiere un espacio mayor y aumenta la carga de trabajo en los momentos previos al servicio.
d) No es adecuado para su uso en grandes centros con alto volumen de raciones.

27. ¿Qué alimento para su cocción en fritura es sin protección?

a) Huevo frito.
b) Calamares a la romana.
c) Pollo empanado.
d) Pescado enharinado.

28. En el asado al horno con verduras la temperatura de cocción rondará:

a) Los 150 ºC.
b) Los 280 ºC.
c) Los 200 ºC.
d) Los 250 ºC.

29. ¿Qué método de cocción consiste en la aplicación a un género cocinado de su mismo jugo o salsa para que con la acción del calor sobre esta se consiga un bonito color brillante?

a) Estofado.
b) Gratinado.

c) Salteado.
d) Glaseado.

30. Aquello que se le hace al tomate para pelarlo con eficiencia, sumergiéndolo un breve espacio de tiempo en agua hirviendo se llama:

a) Escalfado.
b) Baño maría.
c) Escaldado.
d) Papillot.

31. ¿Cuál de las siguientes afirmaciones es correcta respecto a los sistemas de conservación y regeneración de alimentos en cocina?

a) El abatidor de temperatura permite reducir la temperatura de los alimentos de 65-70 ºC a un máximo de 10 ºC.

b) Las cámaras de refrigeración mantienen los alimentos a temperaturas entre 5 y 10 ºC durante 7 días.

c) Los hornos de regeneración de multiporciones utilizan únicamente el calor por convección para calentar los alimentos.

d) Los hornos mixtos de convección-vapor aumentan la deshidratación de los alimentos durante la regeneración

32. ¿Cuál de los siguientes métodos de envasado al vacío es el más adecuado para productos delicados que no deben perder su forma original?

a) Vacío normal.
b) Vacío continuo.
c) Vacío para productos calientes.
d) Vacío compensado.

33. ¿Cuál de las siguientes afirmaciones sobre la convección es correcta?

a) En la convección, el calor se transmite sin movimiento de las moléculas del alimento.

b) La convección forzada se produce espontáneamente debido a la diferencia de densidad entre las masas frías y calientes.

c) En la convección forzada, la velocidad de transmisión del calor es mayor y la capa límite formada es más fina.

d) Un medio viscoso y denso acelera el movimiento de las moléculas y favorece la convección térmica.

Solución al test n.º 6

1. c) En la cinta de emplatado.

2. a) Es móvil y de velocidad fija o regulable.

3. c) Mantienen la temperatura de los alimentos.

4. a) Del circuito sucio.

5. a) En la retirada de todos los elementos utilizados y la eliminación de los restos de comida.

6. b) Son residuos orgánicos.

7. c) Se almacenarán en la zona de limpio hasta el siguiente uso.

8. a) Siempre.

9. d) Todas son correctas.

10. b) Son carros utilizados para el sistema de cadena fría.

11. d) Todas son correctas.

12. c) Los 120 ºC.

13. c) Debe ser un proceso lento y medido para evitar que los alimentos se caigan.

14. c) Si es necesario recalentar, los alimentos pueden resecarse y sufrir alteraciones en sus cualidades organolépticas.

15. d) Es la distribución de los alimentos en raciones individuales para su consumo.

16. b) En baño maría.

17. b) Bandeja isotérmica.

18. d) Todas las respuestas son ciertas.

19. c) Cinta de emplatado.

20. a) Al final de la cinta de emplatado.

21. d) Ninguna respuesta es correcta.

22. c) Se lavarán y almacenarán en la zona de limpio hasta el siguiente uso.

23. b) Es una fritura rápida japonesa, en especial para los mariscos y verduras.

24. d) 120º C.

25. a) Con protección.

26. b) Se conservan en frío tras su elaboración y se regeneran antes de su consumo.

27. a) Huevo frito.

28. c) Los 200 ºC.

29. d) Glaseado.

30. c) Escaldado.

31. a) El abatidor de temperatura permite reducir la temperatura de los alimentos de 65-70 ºC a un máximo de 10 ºC.

32. d) Vacío compensado.

33. c) En la convección forzada, la velocidad de transmisión del calor es mayor y la capa límite formada es más fina.

Alérgenos, intolerancias y enfermedades relacionadas con el consumo de alimentos. Tipos de dietas hospitalarias

1. Son ricos en hidratos de carbono:

a) Marisco.
b) Patatas.
c) Carnes.
d) Pescado.

2. Pertenece al grupo de los alimentos energéticos:

a) Carne.
b) Yogur.
c) Verduras.
d) Ninguno de los anteriores.

3. Los alimentos incluidos en el grupo de las frutas, verduras y hortalizas aportan al organismo humano, como nutrientes más significativos:

a) Vitaminas y sales minerales.
b) Lípidos.
c) Hidratos de carbono.
d) Proteínas.

4. Las carnes, pescados y huevos aportan al organismo, de manera principal:

a) Vitaminas.
b) Oligoelementos.
c) Proteínas.
d) Grasas.

5. Está en el grupo de los alimentos plásticos:

a) La leche y sus derivados.
b) Huevos.
c) Carne y pescado.
d) Todos.

6. Pertenecen al grupo de los alimentos energéticos:

a) Aceites.
b) Azúcares.
c) Cereales y legumbres.
d) Todos.

7. ¿Cuál es la principal función de las grasas en el organismo?

a) Reserva energética.
b) Aceleran la velocidad de las reacciones metabólicas.
c) Forman todos los tejidos del cuerpo.
d) Todas son correctas.

8. ¿Qué vitamina es fundamental para la visión?

a) A.
b) B.
c) C.
d) D.

9. ¿Qué enfermedad puede ser causada por insuficiencia de vitamina D?

a) Caries.
b) Enfermedades cardiovasculares.
c) Raquitismo.
d) Escorbuto.

10. ¿Qué es la riboflavina?

a) Una proteína.
b) Vitamina B2.
c) Vitamina E.
d) Una parte de las grasas.

11. ¿Por qué se produce el escorbuto?

a) Por exceso de vitamina C en la dieta.
b) Por una dieta deficitaria en vitamina C.

c) Por exceso de vitamina D en la dieta.
d) Por falta de vitamina D.

12. ¿Qué propiedades tiene la vitamina E?

a) Antioxidante.
b) Antirraquítica.
c) Coagulante.
d) Todas son correctas.

13. Indica la respuesta correcta:

a) Los minerales proporcionan energía.
b) Los minerales forman parte de los huesos y dientes.
c) El magnesio es un mineral.
d) Las opciones b) y c) son correctas.

14. ¿Cuál de las siguientes afirmaciones no es correcta?

a) En una dieta hipocalórica se ingieren menos calorías.
b) En una dieta hipocalórica no se reduce el aporte de vitaminas.
c) En una dieta hipocalórica se reduce el aporte de minerales.
d) La dieta hipocalórica es recomendada contra la obesidad.

15. ¿Cuándo se puede hablar de déficit nutricional?

a) Cuando la cantidad de nutrientes y proporción de los mismos es equilibrada.
b) Cuando el aporte energético diario responde a los requerimientos de cada individuo.
c) Cuando el aporte de algún nutriente no es suficiente.
d) Todas las respuestas son correctas.

16. Si con la dieta se obtiene diariamente menos energía de la que se necesita, ¿qué ocurre?

a) El organismo obtiene más energía de las reservas almacenadas en forma de proteínas.
b) El organismo obtiene más energía de las reservas almacenadas en forma de grasas.
c) El organismo funciona con menos energía.
d) La dieta siempre aporta energía suficiente.

17. ¿Cuál de los siguientes productos contienen azúcares de absorción rápida?

a) Cereales.
b) Patatas.
c) Naranja.
d) Pasteles.

18. ¿Qué grasas son menos recomendables en la dieta?

a) Saturadas.
b) Insaturadas.
c) Sólidas.
d) Todas las grasas son del mismo tipo.

19. ¿Qué es el ácido fólico?

a) Vitamina B6.
b) Vitamina C.
c) Vitamina B9.
d) Un mineral.

20. ¿Qué requisitos debe cumplir la dieta?

a) Aportar suficiente energía.
b) Ser equilibrada.
c) Debe contener todos los nutrientes.
d) Todas las respuestas son correctas.

21. ¿En cuál de estas dietas está reducido el uso de sal?

a) Hipocalórica.
b) Hiposódica.
c) Hipoproteica.
d) Progresiva.

22. ¿Qué representa la pirámide de los alimentos en su base?

a) Alimentos de consumo frecuente.
b) Alimentos y bebidas para los que se recomienda un consumo opcional, más ocasional y moderado.
c) Actividad física y equilibrio emocional entre otros.
d) Todas las respuestas son correctas.

23. ¿Qué es una hipersensibilidad a los alimentos?

a) La reacción adversa por sustancias no tóxicas que depende de la susceptibilidad de cada persona a un alimento.
b) Una reacción adversa generalizada por el consumo de alimentos.
c) Respuesta al consumo de venenos.
d) Ninguna respuesta es correcta.

24. ¿Cuál no es una reacción adversa a los alimentos no tóxica?

a) Alergia.
b) Intolerancia.
c) Toxiinfección.
d) Todas las respuestas son correctas.

25. ¿Cómo se denominan las proteínas que provocan una respuesta inmunitaria que se da en al menos un 50 % de los pacientes sensibles?

a) Alérgenos mayores.
b) Alérgenos menores.
c) Alergias.
d) Antígenos.

26. ¿En qué caso se origina una alergia alimentaria?

a) Cuando el alérgeno presente en el alimento desencadena una reacción inmunitaria en el organismo.
b) Cuando el alérgeno presente en el alimento desencadena una reacción no inmunitaria en el organismo.
c) Cuando el alérgeno alimentario no provoca ninguna reacción.
d) Ninguna respuesta es correcta.

27. ¿Qué es la reactividad cruzada?

a) Implica la aparición de síntomas sin que haya existido contacto previo con el alérgeno específico.
b) ocurre cuando una persona toma un alimento que contiene alérgenos de gran similitud a otro al que ha estado expuesto.
c) Ocurre al ingerir otro alimento diferente pero con un alérgeno similar.
d) Todas las respuestas son correctas.

28. ¿Qué proteínas son alérgenos de la leche?

a) Lactoalbúmina.
b) Seroalbúmina.
c) Caseína.
d) Todas las respuestas son correctas.

29. ¿Qué parte del huevo es más alérgeno?

a) Clara.
b) Yema.
c) Cáscara.
d) Todas las partes por igual.

30. ¿Qué alérgeno no está presente en el pescado?

a) Anisakis.
b) Proteína del pescado.
c) Proteína ovomucoide.
d) Proteína del músculo del pescado.

31. ¿Cuál de estas especies puede estar infestada por anisakis?

a) Pescadilla.
b) Bacalao.
c) Pulpo.
d) Cualquiera de las anteriores.

32. ¿Diga qué es falso sobre el marisco?

a) Son frecuentes las reacciones alérgicas a los mariscos.
b) Los alérgenos son diversas proteínas específicas de cada marisco.
c) Los alérgenos del marisco se transfieren al agua de cocción.
d) No se da reactividad cruzada.

33. Indica la respuesta correcta sobre la soja:

a) La respuesta alérgica no se produce por vía inhalatoria.
b) Se han descrito reacciones cruzadas con los cacahuetes.
c) Algunos de los alimentos en los que puede estar presente son la comida asiática y la harina de trigo.
d) Se han descrito reacciones cruzadas con las verduras.

34. ¿Qué enfermedad es el "asma del panadero"?

a) Alergia alimentaria al pescado.
b) Reacción adversa al gluten.
c) Alergia alimentaria por cereales.
d) Enfermedad autoinmune.

35. ¿Cuáles son síntomas frecuentes de la alergia?

a) Urticaria.
b) Nauseas.
c) Tos irritativa.
d) Todas las respuestas son correctas.

36. ¿Qué mecanismos pueden producir una intolerancia alimentaria?

a) Enzimáticos.
b) Farmacológicos.

c) Sustancias presentes en el alimento que resultan perjudiciales.
d) Todos los anteriores.

37. ¿Qué es la enfermedad celíaca?

a) Intolerancia al gluten.
b) Intolerancia a las proteínas en general.
c) Enfermedad autoinmune.
d) Ninguna respuesta es correcta.

38. ¿Cuántos alérgenos especifica la Unión Europea?

a) 12.
b) 13.
c) 14.
d) 15.

39. ¿Qué es la alimentación?

a) Un acto o un conjunto de actos voluntarios, que implican la elección de alimentos y la voluntad de prepararlos e ingerirlos.
b) La ingesta de los alimentos.
c) El proceso involuntario que sucede tras la ingesta de los alimentos.
d) Todas las respuestas definen este concepto.

40. ¿Por dónde desciende el bolo alimenticio antes de llegar al estómago?

a) Cavidad bucal.
b) Esófago.
c) Intestino delgado.
d) Páncreas.

Solución al test n.º 7

1. b) Patatas.

2. d) Ninguno de los anteriores.

3. a) Vitaminas y sales minerales.

4. c) Proteínas.

5. d) Todos.

6. d) Todos.

7. a) Reserva energética.

8. a) A.

9. c) Raquitismo.

10. b) Vitamina B2.

11. b) Por una dieta deficitaria en vitamina C.

12. a) Antioxidante.

13. d) Las opciones b) y c) son correctas.

14. c) En una dieta hipocalórica se reduce el aporte de minerales.

15. c) Cuando el aporte de algún nutriente no es suficiente.

16. b) El organismo obtiene más energía de las reservas almacenadas en forma de grasas.

17. d) Pasteles.

18. a) Saturadas.

19. c) Vitamina B9.

20. d) Todas las respuestas son correctas.

21. b) Hiposódica.

22. c) Actividad física y equilibrio emocional entre otros.

23. a) La reacción adversa por sustancias no tóxicas que depende de la susceptibilidad de cada persona a un alimento.

24. c) Toxiinfección.

25. a) Alérgenos mayores.

26. a) Cuando el alérgeno presente en el alimento desencadena una reacción inmunitaria en el organismo.

27. d) Todas las respuestas son correctas.

28. d) Todas las respuestas son correctas.

29. a) Clara.

30. c) Proteína ovomucoide.

31. d) Cualquiera de las anteriores.

32. d) No se da reactividad cruzada.

33. b) Se han descrito reacciones cruzadas con los cacahuetes.

34. c) Alergia alimentaria por cereales.

35. d) Todas las respuestas son correctas.

36. d) Todos los anteriores.

37. a) Intolerancia al gluten.

38. c) 14.

39. a) Un acto o un conjunto de actos voluntarios, que implican la elección de alimentos y la voluntad de prepararlos e ingerirlos.

40. b) Esófago.

Limpieza y desinfección: Productos de limpieza, clases y tipos y maquinarias de limpieza. Modos de empleo y condiciones de uso. Prácticas correctas de higiene. Cuidado y Limpieza del local, maquinaria, accesorios y menaje de cocina

1. ¿Qué orden es correcto en el proceso de lavado?

a) Prelavado, limpieza y desinfección, enjuague final.
b) Limpieza, desinfección, prelavado, enjuague final.
c) Enjuague inicial, limpieza y desinfección, lavado final.
d) Pueden ser correctas las respuestas a) y c).

2. ¿Cuál de los siguientes componentes no forma parte de un detergente?

a) Tensioactivos.
b) Coadyuvantes.
c) Pavimentadores.
d) Aditivos.

3. ¿Qué es la lejía?

a) Un desinfectante, derivado del cloro.
b) Un aldehído.
c) Un esterilizante.
d) Un antiséptico.

4. ¿Qué función tienen los auxiliares de presentación en los detergentes?

a) Disminuir la tensión superficial del agua.
b) Aumentar la alcalinidad.
c) Aportar perfume y suavidad.
d) Determinar el aspecto del producto acabado.

5. ¿Qué propiedades debe tener un detergente?

a) Poder humectante.
b) Poder dispersante.

c) Poder de suspensión.
d) Todas.

6. ¿Qué combinación no es posible en la composición de un detergente?

a) Tensioactivos aniónicos con tensioactivos no iónicos.
b) Tensioactivos catiónicos con tensioactivos anfotéricos.
c) Tensioactivos no iónicos con coadyuvantes.
d) Tensioactivos aniónicos con tensioactivos catiónicos.

7. ¿En qué fase del proceso de limpieza se aplica detergente disuelto en agua, y se deja actuar durante un tiempo, para que se desprenda la capa de suciedad?

a) Lavado.
b) Prelavado.
c) Enjuague.
d) Desinfección.

8. ¿De qué factores depende la frecuencia en la limpieza?

a) Frecuencia de uso.
b) Estado previo de la limpieza.
c) Tipo de alimentos que se manipulen.
d) Todas las respuestas son correctas.

9. ¿Cómo influye el uso de productos eficaces en la limpieza?

a) Aumentando la acción mecánica.
b) Mejorando la acción química.
c) Aumentando el tiempo.
d) Disminuyendo la temperatura.

10. ¿Cuál de estos tensioactivos no tiene carga es solución acuosa?

a) Aniónicos.
b) Catiónicos.
c) No iónicos.
d) Las respuestas a) y b) son correctas.

11. ¿Qué características tiene la lejía como desinfectante?

a) Es corrosiva para algunos metales.
b) Es inestable.
c) Puede liberar gases asfixiantes en contacto con algunos productos.
d) Todas las respuestas son correctas.

12. ¿Qué significan las indicaciones de peligro (H) en la etiqueta de un producto de limpieza?

a) Recomendaciones de uso.
b) Riesgos de seguridad.
c) Consejos específicos.
d) Composición.

13. ¿Cómo se denominan sustancias y preparados que en contacto con tejidos vivos pueden ejercer acción destructora de los mismos?

a) Irritantes.
b) Nocivos.
c) Corrosivos.
d) Inflamables.

14. ¿Qué precauciones debe tomar con los envases de productos de limpieza?

a) Verificar el buen estado de recipientes y envases para evitar fugas.
b) Se mantendrán cerrados mientras no se usen.
c) Elegir recipientes adecuados para utilizar pequeñas cantidades de producto.
d) Las respuestas a) y b) son correctas.

15. Según el reglamento CLP, ¿qué indicaciones llevará la etiqueta?

a) Frases R y S.
b) Consejos de prudencia e indicaciones de peligro.
c) Pictogramas que sustituyen a las antiguas frases R.
d) Todas las respuestas son correctas.

16. ¿Qué tipos de peligro establece el Reglamento CLP?

a) Físicos, para la salud y para el medio ambiente.
b) Físicos, químicos y biológicos.
c) Agudos y crónicos.
d) Leves, graves y muy graves.

17. ¿Cuál es la función principal del líquido abrillantador en el proceso de lavado de vajilla?

a) Eliminar los residuos de grasa y suciedad adherida a la superficie de la vajilla.
b) Favorecer el secado rápido y evitar la formación de gotas de agua en la vajilla.
c) Desinfectar la vajilla mediante la acción de sus componentes químicos.
d) Sustituir el detergente en la fase de lavado del ciclo del lavavajillas.

18. ¿Cuál de los siguientes son peligros para la salud?

a) Sensibilización respiratoria.
b) Carcinogenicida.
c) Peligro por aspiración.
d) Todas las respuestas son correctas.

19. ¿Qué tipo de indicación es: H360F: Puede perjudicar a la fertilidad?

a) Consejo de prudencia.
b) Indicación de peligro.
c) Consejo de seguridad.
d) Indicación de protección.

20. ¿Cuál de los siguientes peligros no se contemplan en el Reglamento (CE) n.º 1272/2008, también denominado Reglamento CLP?

a) Peligro para el medio ambiente.
b) Peligro para la salud.
c) Peligro indeterminado.
d) Peligro físico.

21. ¿Cómo se llaman las sustancias que en contacto con otras producen una reacción exotérmica?

a) Pirofóricas.
b) Explosivas.
c) Comburentes.
d) Corrosivas.

22. ¿Qué elemento esencial constituirá la limpieza en los procedimientos de limpieza y desinfección independientes?

a) Agua caliente.
b) Solución detergente.
c) Ordenamiento de utensilios.
d) Barrer en húmedo.

23. En la limpieza y desinfección combinada se empleará:

a) Solo la acción detergente.
b) Solo la acción desinfectante.
c) Primero la acción detergente y posteriormente y aparte la acción desinfectante.
d) Se emplearán a la vez la acción detergente y la acción desinfectante.

24. ¿Qué mobiliario es no lavable?

a) Cristales.
b) Formica.
c) Maderas nobles (roble, pino, cerezo…).
d) Mármoles.

25. ¿Cuál es el procedimiento correcto para la limpieza a fondo de una plancha de cocina?

a) Aplicar detergente en la superficie caliente, raspar con espátula y aclarar con agua fría.
b) Dejar enfriar la plancha, aplicar vinagre, calentar, raspar y limpiar con esponja de aluminio o polvo abrasivo.
c) Frotar con un paño seco después de cada uso sin necesidad de aplicar productos de limpieza.
d) Limpiar únicamente al final del día para evitar residuos de comida durante el servicio.

26. ¿Qué detergentes eliminan la suciedad mineral, es decir, sarro, cemento, óxido, etc.?

a) Detergentes alcalinos.
b) Detergentes ácidos.
c) Detergentes neutros.
d) Detergentes básicos.

27. ¿Cuál es el principal componente de los detergentes?

a) Coadyuvantes.
b) Reforzantes.
c) Tensioactivos.
d) Aditivos.

28. ¿Qué tipo de coadyuvante de los detergentes ablanda el agua al secuestrar los iones cálcicos y magnésicos?

a) Silicatos.
b) Fosfatos.
c) Carbonatos.
d) Citratos.

29. ¿Qué propiedad del detergente se da cuando se rompe la suciedad, dispersando las partículas finas que componían esa mancha?

a) Poder humectante.
b) Dispersión.
c) Emulsión.
d) Brillo.

30. En el caso de que un producto limpiador sea considerado como producto peligroso, actualmente el fabricante debe incluir en su etiquetado un pictograma de peligro que será:

a) Cuadrado y apoyado sobre un lado.
b) Cuadrado y apoyado sobre un vértice.
c) Redondo.
d) Rectangular apoyado sobre el lado mayor.

31. ¿Qué productos se emplean para eliminación de microorganismos patógenos?

a) Detergentes.
b) Limpiametales.
c) Desinfectantes.
d) Ambientadores.

32. El triclosan es:

a) Un fenol.
b) Una lejía.
c) Un aldehído.
d) Un amonio cuaternario.

33. El etiquetado de aquellos detergentes que resulten clasificados como productos peligrosos:

a) Deberá cumplir el Reglamento sobre clasificación, envasado y etiquetado de preparados peligrosos vigente.
b) Bastará con cumplir sólo el etiquetado de la Reglamentación técnico-sanitaria para la elaboración, circulación y comercio de detergentes y limpiadores.
c) No está sujeta a obligaciones de etiquetado.
d) La etiqueta deberá ser de color naranja.

34. ¿Qué procedimiento es aquel por el que se elimina el agua con los restos de detergente y la suciedad disuelta?

a) Prelavado.
b) Enjuague.
c) Lavado.
d) Enjuague final.

35. ¿Qué palabra se asocia a las categorías menos grave para la salud de preparados de limpieza que deben figurar en la etiqueta?

a) Peligro.
b) Danger.

c) Atención o warning.
d) Ninguna de las anteriores.

36. La primera etapa de un programa de limpieza y desinfección es:

a) Secado.
b) Desinfección.
c) Prelavado.
d) Enjuague.

37. Un agente tensioactivo puede ser:

a) Iónico (aniónico o catiónico), no iónico o anfótero.
b) Primario, secundario o terciario.
c) Reforzante, aditivo o coadyudante.
d) De alta, media o baja potencia.

38. La lejía es un desinfectante que tiene como componente activo:

a) Alcohol etílico.
b) Agua.
c) Hipoclorito sódico.
d) Ácido peracético.

39. Para la limpieza de la zona de preparación, una de las pinches necesita un producto de limpieza, ¿a dónde se dirigirá para recogerlo?

a) Al almacén de productos perecederos.
b) Al almacén para productos de limpieza.
c) A la cámara frigorífica.
d) Indistintamente, porque los productos de limpieza se almacenan en cualquier zona de la cocina.

40. En el almacén de limpieza, el pinche se ha encontrado una botella transparente llena de lo que parece un desengrasante que no tiene ninguna etiqueta ni identificación, ¿qué debe hacer?

a) Utilizarla para limpiar y gastarla lo antes posible.
b) La olerá y le pondrá con rotulador el producto que cree que es.
c) Probará con poca cantidad para limpiar y ver si es el producto que necesita.
d) Lo comunicará al encargado de la cocina para su retirada.

41. ¿Cuál de las siguientes afirmaciones es correcta respecto a los equipos y utensilios en contacto con alimentos?

a) Los equipos y utensilios solo deben limpiarse cuando presenten residuos visibles.
b) Deben ser de materiales resistentes, no absorbentes y capaces de soportar lavados frecuentes sin alterar sus características.

c) La madera y el mármol son materiales ideales para equipos y utensilios en contacto con alimentos.

d) No es necesario desinfectar los utensilios si han sido lavados con agua caliente.

42. ¿Cómo se denominan los procedimientos o actuaciones dirigidas a impedir la llegada de los microorganismos patógenos a un medio aséptico?

a) Antisepsia.
b) Asepsia.
c) Desinfección.
d) Esterilización.

43. ¿Cómo se denomina la interrelación de los factores que influyen en la eliminación de la limpieza?

a) Círculo de Grinner.
b) Círculo de Shinn.
c) Círculo de Sinner.
d) Círculo de Havers.

44. ¿Cuál de estas sustancias es un detergente?

a) Jabón de vajilla.
b) Alcohol 70.
c) Lejía.
d) Complejos trialdehídicos.

45. ¿Cuál de las siguientes afirmaciones es correcta respecto al almacenamiento de alimentos en equipos de refrigeración y congelación?

a) La temperatura de los alimentos refrigerados debe ser mayor a 5°C en el centro de cada pieza.

b) Los alimentos congelados deben mantenerse a -10°C para garantizar su conservación.

c) Los alimentos deben almacenarse separados unos de otros y de las paredes para permitir una correcta circulación del aire frío.

d) En el almacenamiento, no es necesario separar los alimentos de origen animal y vegetal si se encuentran congelados

46. ¿Qué producto es aquel cuya finalidad principal es la limpieza y mantenimiento de objetos y superficies tales como suelos, maderas, plásticos, azulejos, cristales…?

a) Detergente.
b) Desinfectante.
c) Limpiador.
d) Coadyuvante.

47. ¿Qué propiedad del detergente se da cuando se rompe la suciedad compacta, dispersando las partículas finas que componían esa mancha?

a) Poder humectante.
b) Dispersión.
c) Emulsión.
d) Brillo.

48. ¿Cuál de las siguientes afirmaciones es correcta respecto a la organización e higiene en la cocina caliente?

a) La campana extractora de la cocina debe limpiarse una vez a la semana.
b) Los desperdicios deben depositarse en un recipiente sin tapa para facilitar su eliminación.
c) Los refrigeradores de la cocina caliente deben mantener una temperatura de aproximadamente 1°C y organizarse por tipo de alimento.
d) Es recomendable almacenar diferentes tipos de mercancías en un mismo recipiente para optimizar el espacio.

49. Todo lo que se dice de las recomendaciones de almacenaje de productos químicos empleados en limpieza es cierto, excepto:

a) Elegir el recipiente adecuado para guardar cada tipo de sustancia química
b) Guardar los líquidos peligrosos en recipientes abiertos.
c) Tener en cuenta que el frío y el calor deterioran el plástico, por lo que este tipo de envases que contenga productos químicos de limpieza deben ser revisados con frecuencia.
d) Todos los envases que contenga productos químicos de limpieza deben tener su correspondiente etiqueta.

50. ¿Cuál es la es la principal vía de entrada de sustancias tóxicas en el organismo?

a) Vía respiratoria.
b) Vía dérmica.
c) Vía digestiva
d) Vía parenteral.

En MADTEST tienes **más preguntas de este tema, comentadas y argumentadas**, y todos tus avances quedan registrados y se reflejan en el ranking.

¡Supera tus límites con MADTEST!

Solución al test n.º 8

1. a) Prelavado, limpieza y desinfección, enjuague final.

2. c) Pavimentadores.

3. a) Un desinfectante, derivado del cloro.

4. d) Determinar el aspecto del producto acabado.

5. d) Todas.

6. d) Tensioactivos aniónicos con tensioactivos catiónicos.

7. a) Lavado.

8. d) Todas las respuestas son correctas.

9. b) Mejorando la acción química.

10. c) No iónicos.

11. d) Todas las respuestas son correctas.

12. b) Riesgos de seguridad.

13. c) Corrosivos.

14. d) Las respuestas a) y b) son correctas.

15. b) Consejos de prudencia e indicaciones de peligro.

16. a) Físicos, para la salud y para el medio ambiente.

17. b) Favorecer el secado rápido y evitar la formación de gotas de agua en la vajilla.

18. d) Todas las respuestas son correctas.

19. b) Indicación de peligro.

20. c) Peligro indeterminado.

21. c) Comburentes.

22. b) Solución detergente.

23. d) Se emplearán a la vez la acción detergente y la acción desinfectante.

24. c) Maderas nobles (roble, pino, cerezo…).

25. b) Dejar enfriar la plancha, aplicar vinagre, calentar, raspar y limpiar con esponja de aluminio o polvo abrasivo.

26. b) Detergentes ácidos.

27. c) Tensioactivos.

28. b) Fosfatos.

29. b) Dispersión.

30. b) Cuadrado y apoyado sobre un vértice.

31. c) Desinfectantes.

32. a) Un fenol.

33. a) Deberá cumplir el Reglamento sobre clasificación, envasado y etiquetado de preparados peligrosos vigente.

34. b) Enjuague.

35. c) Atención o warning.

36. c) Prelavado.

37. a) Iónico (aniónico o catiónico), no iónico o anfótero.

38. c) Hipoclorito sódico.

39. b) Al almacén para productos de limpieza.

40. d) Lo comunicará al encargado de la cocina para su retirada.

41. b) Deben ser de materiales resistentes, no absorbentes y capaces de soportar lavados frecuentes sin alterar sus características.

42. b) Asepsia.

43. c) Círculo de Sinner.

44. a) Jabón de vajilla.

45. c) Los alimentos deben almacenarse separados unos de otros y de las paredes para permitir una correcta circulación del aire frío.

46. c) Limpiador.

47. b) Dispersión.

48. c) Los refrigeradores de la cocina caliente deben mantener una temperatura de aproximadamente 1°C y organizarse por tipo de alimento.

49. b) Guardar los líquidos peligrosos en recipientes abiertos.

50. a) Vía respiratoria.

Desperdicios: Tratamiento y eliminación, normas sanitarias de su control y eliminación

1. ¿Qué son los lodos de depuración?

a) Restos de alimentos que se vierten en el agua.
b) Restos de contaminantes y bacterias muertas que se vierten con el agua.
c) Restos de contaminantes y bacterias muertas resultantes del proceso de depuración de agua.
d) Residuos reutilizables para depuración.

2. ¿Qué destino se le dará a los lodos de depuración?

a) Reciclado.
b) Incineración.
c) Depósito en vertederos.
d) Reutilización.

3. ¿Qué problemas origina la basura orgánica?

a) Son un medio ideal para la multiplicación de los microorganismos.
b) Atraen frecuentemente insectos, roedores y otros animales que ayudan a la propagación de algunas enfermedades.
c) Empiezan a descomponerse en poco tiempo y generan mal olor.
d) Todas las respuestas son correctas.

4. ¿Cómo se clasifican los residuos generados en la cocina de un hospital?

a) Urbanos.
b) Sanitarios urbanos.
c) Sanitarios asimilables a urbanos.
d) Citotóxicos y biosanitarios.

5. ¿Cuál de las siguientes afirmaciones no es correcta?

a) Los desperdicios de alimentos y de otro tipo podrán acumularse en locales por los que circulen alimentos.
b) Los desperdicios de alimentos y de otro tipo se depositarán en contenedores provistos de cierre, a menos que la autoridad competente permita el uso de otros contenedores.
c) Los depósitos de desperdicios estarán diseñados de forma que puedan mantenerse limpios e impedir el acceso de insectos y otros animales indeseables y la contaminación de los alimentos, del agua potable, del equipo o de los locales.
d) Las opciones a) y c) no son correctas.

6. ¿Qué son los envases?

a) Recipientes que se utilizan para acumular directamente los residuos.
b) Recipientes que se utilizan para acumular bolsas.
c) Contenedores.
d) Las opciones b) y c) son correctas.

7. ¿Qué características tendrán los contenedores de basura?

a) Impermeables.
b) De fácil limpieza.
c) Con tapa de cierre hermético.
d) Todas las respuestas son correctas.

8. ¿Qué requisitos debe cumplir el traslado interno de los residuos?

a) Supondrá un riesgo para el personal.
b) No se trasvasarán residuos de un envase a otro.
c) Los circuitos utilizados no serán de uso exclusivo.
d) Todas las respuestas son correctas.

9. ¿Qué afirmación es correcta sobre los restos de comida?

a) Los depósitos intermedios para residuos no tendrán salida al exterior para evitar el acceso de personas no autorizadas.
b) Los depósitos intermedios serán refrigerados para evitar la proliferación de microorganismos.
c) Los depósitos intermedios no dispondrán de ventilación para evitar la propagación de olores.
d) Todas las afirmaciones anteriores son correctas.

10. ¿Qué se debe hacer con los aceites usados en cocina?

a) Deben recogerse en recipientes metálicos especiales para su posterior incineración.
b) Se tirarán por el desagüe.

c) No son contaminantes, por lo que no requieren ningún tratamiento especial.

d) Se depositan en los vertederos.

11. ¿En qué caso es de aplicación la Ley 7/2022, de 8 de abril, de residuos y suelos contaminados para una economía circular?

a) Suelos contaminados.

b) Residuos radiactivos.

c) Los explosivos desclasificados.

d) Todas las respuestas son correctas.

12. ¿Cuál de los siguientes es un biorresiduo?

a) Residuos biodegradables vegetales.

b) Residuos de industrias en las que se transforman alimentos.

c) Restos de comidas de los servicios de restauración colectiva.

d) Todas las respuestas son correctas.

13. Según la Ley 7/2022, de 8 de abril, de residuos y suelos contaminados para una economía circular, un poseedor de residuos es:

a) Una instalación de almacenamiento en el ámbito de la recogida de una entidad local, donde se recogen de forma separada los residuos domésticos.

b) El productor de residuos u otra persona física o jurídica que esté en posesión de residuos.

c) Cualquier persona física o jurídica que desarrolle, fabrique, procese, trate, llene, venda o importe productos de forma profesional, con independencia de la técnica de venta utilizada en su introducción en el mercado nacional.

d) Persona encargada de desempeñar los cometidos previstos en la ley, que designen, en su ámbito respectivo de competencias.

14. ¿Con qué siglas se nombran a los residuos que, generalmente liberando oxígeno, pueden provocar o facilitar la combustión de otras sustancias?

a) HP 2.

b) HP 7.

c) HP 8.

d) HP 9.

15. ¿Qué ley deroga la Ley 7/2022, de 8 de abril, de residuos y suelos contaminados para una economía circular?

a) La Ley 37/2009, de 17 de enero, de residuos y suelos contaminados.

b) La Ley 33/2010, de 9 de abril, de residuos y suelos contaminados.

c) La Ley 5/2011, de 30 de septiembre, de residuos y suelos contaminados.

d) La Ley 22/2011, de 28 de julio, de residuos y suelos contaminados.

16. La Ley 7/2022, de 8 de abril, de residuos y suelos contaminados para una economía circular, no es aplicable a:

a) Los explosivos desclasificados.
b) Los suelos contaminados.
c) Los productos fabricados con plástico oxodegradable.
d) Los artes de pesca que contienen plásticos.

17. ¿Qué consideración otorga la Ley 7/2022, de 8 de abril, a los animales domésticos muertos y los vehículos abandonados?

a) Residuos industriales.
b) Residuos domésticos.
c) Residuos comerciales.
d) Residuos municipales.

18. ¿Cómo define la Ley 7/2022, de 8 de abril, a cualquier sustancia u objeto que su poseedor deseche o tenga la intención o la obligación de desechar?

a) Resto.
b) Sobrante.
c) Despojo.
d) Residuo.

19. ¿Qué consideración otorga la Ley 7/2022, de 8 de abril, a los subproductos?

a) Que la sustancia u objeto se pueda utilizar directamente sin tener que someterse a una transformación ulterior distinta de la práctica industrial habitual.
b) Aquel cuyas características han sido alteradas negativamente por la presencia de componentes químicos de carácter peligroso.
c) Residuos resultantes de los procesos de producción, fabricación, transformación, utilización, consumo, limpieza o mantenimiento generados por la actividad industrial como consecuencia de su actividad principal.
d) Cualquier operación cuyo resultado principal sea que el residuo sirva a una finalidad útil al sustituir a otros materiales.

20. ¿Cómo define la Ley 7/2022, de 8 de abril, de residuos y suelos contaminados para una economía circular, a toda persona física o jurídica que organice la valorización o la eliminación de residuos por encargo de terceros?

a) Gestor de residuos.
b) Agente.
c) Negociante.
d) Autoridad competente.

21. ¿Qué es falso sobre los residuos inertes?

a) No son peligrosos y no experimentan transformaciones físicas, químicas o biológicas significativas.
b) Los lixiviados de estos residuos no experimentan transformaciones físicas, químicas o biológicas significativas.
c) Deben ser incinerados.
d) Serán depositados en vertederos.

22. ¿Cuál de las siguientes técnicas de tratamiento de residuos transforma la materia orgánica en biogás en ausencia de oxígeno?

a) Compostaje.
b) Biometanización.
c) Incineración.
d) Gasificación.

23. ¿Qué forma tiene el símbolo de reciclaje?

a) Tres flechas giradas para formar un anillo.
b) Una persona tirando algo a un contenedor.
c) Un triángulo con una C en su interior.
d) Un contenedor de basura tachado.

24. ¿Cuándo fue creado el símbolo del punto verde?

a) En 1980.
b) En 1991.
c) En 2010
d) En 2019.

25. ¿Con qué siglas se nombran a los residuos que, que contienen una o varias sustancias que se sabe tienen efectos sensibilizantes para la piel o los órganos respiratorios?

a) HP 4.
b) HP 7.
c) HP 12.
d) HP 13.

26. ¿Cómo debe ser el llenado de las bolsas de basura de una cocina como máximo?

a) Hasta 2/3 de su capacidad.
b) Hasta la mitad.
c) Se puede aprovechar hasta el final.
d) Todas son correctas.

27. ¿En qué consiste la pirolisis?

a) Es un proceso mediante el cual se transforma la materia orgánica de los residuos urbanos en un gas.
b) Es un tratamiento para la materia orgánica procedente de la fracción resto.
c) En la degradación térmica de los residuos en ausencia de oxígeno.
d) La trituración del vidrio.

28. ¿De qué color es el contenedor donde se debe depositar el cartón?

a) Azul.
b) Verde.
c) Amarillo.
d) Gris.

29. Los biorresiduos se recogerán en bolsas compostables que cumplan la norma europea:

a) EN 13432:2000 u otros estándares europeos y nacionales sobre compostabilidad de plásticos.
b) Directiva Europea 2018/852 relativa a los envases y residuos de envases.
c) Directiva (UE) 2019/904 del Parlamento Europeo y del Consejo, de 5 de junio de 2019, relativa a la reducción del impacto de determinados productos de plástico en el medio ambiente.
d) NTP 838 Recogida, transporte y almacenamiento de residuos sanitarios.

30. ¿Cuál es la normativa que regula la producción y gestión de los residuos sanitarios en la Comunidad Autónoma de Extremadura?

a) Decreto 109/2015, de 19 de mayo.
b) Ley 3/2007, de 19 de abril.
c) Real Decreto 664/1997, de 12 de mayo.
d) Ley 6/2015, de 24 de marzo.

31. Según el Decreto 109/2015, de 19 de mayo, por el que se regula la producción y gestión de los residuos sanitarios en la Comunidad Autónoma de Extremadura, ¿en qué grupo de residuos se incluyen todos los residuos de naturaleza química, tanto peligrosos como no peligrosos, generados como consecuencia de la actividad sanitaria propiamente dicha?

a) Grupo II.
b) Grupo III.
c) Grupo IV.
d) Grupo V.

32. Según el Decreto 109/2015, de 19 de mayo, de residuos sanitarios en la Comunidad Autónoma de Extremadura, la naturaleza de los riesgos que presentan los residuos sanitarios y sus pictogramas para el grupo III son:

a) Citotóxico o citostático y el pictograma correspondiente.
b) Residuos sanitarios asimilables a urbanos y el pictograma que corresponda.
c) Residuos específicos de riesgo y el pictograma correspondiente.
d) Riesgo de infección o biorriesgo y el pictograma correspondiente.

33. Según el Decreto 109/2015, de 19 de mayo, de residuos sanitarios en la Comunidad Autónoma de Extremadura, los residuos del Grupo V, productos químicos que consisten en, o contienen, sustancias peligrosas, código LER 18 01 06* o 18 02 05*, según se trate, respectivamente, de servicios médicos o veterinarios son de tipo:

a) A.
b) B.
c) C.
d) d.

34. Según el Decreto 109/2015, de 19 de mayo, de residuos sanitarios en la Comunidad Autónoma de Extremadura, los residuos incluidos en el grupo III también podrán ser eliminados como si se tratara de residuos sanitarios del grupo II siempre que:

a) Se transporten en los contenedores adecuados.
b) Se haya procedido a una desinfección o esterilización mediante vapor de agua caliente a presión.
c) No hayan sido manipulados previamente.
d) Sean incinerados separadamente.

35. Según el Reglamento (CE) N.º 1069/2009, ¿cuál de los siguientes materiales se clasifica como SANDACH de Categoría 1?

a) Estiércol y contenido digestivo no tratado.
b) Animales muertos en granjas.
c) Partes de animales con material específico de riesgo (MER).
d) Productos de origen animal retirados por riesgo sanitario sin alto riesgo.

En MADTEST tienes **más preguntas de este tema, comentadas y argumentadas**, y todos tus avances quedan registrados y se reflejan en el ranking.

¡Supera tus límites con MADTEST!

Solución al test n.º 9

1. c) Restos de contaminantes y bacterias muertas resultantes del proceso de depuración de agua.

2. b) Incineración.

3. d) Todas las respuestas son correctas.

4. c) Sanitarios asimilables a urbanos.

5. a) Los desperdicios de alimentos y de otro tipo podrán acumularse en locales por los que circulen alimentos.

6. a) Recipientes que se utilizan para acumular directamente los residuos.

7. d) Todas las respuestas son correctas.

8. b) No se trasvasarán residuos de un envase a otro.

9. b) Los depósitos intermedios serán refrigerados para evitar la proliferación de microorganismos.

10. a) Deben recogerse en recipientes metálicos especiales para su posterior incineración.

11. a) Suelos contaminados.

12. d) Todas las respuestas son correctas.

13. b) El productor de residuos u otra persona física o jurídica que esté en posesión de residuos.

14. a) HP 2.

15. d) La Ley 22/2011, de 28 de julio, de residuos y suelos contaminados.

16. a) Los explosivos desclasificados.

17. b) Residuos domésticos.

18. d) Residuo.

19. a) Que la sustancia u objeto se pueda utilizar directamente sin tener que someterse a una transformación ulterior distinta de la práctica industrial habitual.

20. b) Agente.

21. c) Deben ser incinerados.

22. b) Biometanización.

23. a) Tres flechas giradas para formar un anillo.

24. b) En 1991.

25. d) HP 13.

26. a) Hasta 2/3 de su capacidad.

27. c) En la degradación térmica de los residuos en ausencia de oxígeno.

28. a) Azul.

29. a) EN 13432:2000 u otros estándares europeos y nacionales sobre compostabilidad de plásticos.

30. a) Decreto 109/2015, de 19 de mayo.

31. d) Grupo V.

32. d) Riesgo de infección o biorriesgo y el pictograma correspondiente.

33. a) A.

34. b) Se haya procedido a una desinfección o esterilización mediante vapor de agua caliente a presión.

35. c) Partes de animales con material específico de riesgo (MER).

TEST N.º 10

Ley de Prevención de Riesgos Laborales: objeto, ámbito de aplicación y definiciones. Derechos y Obligaciones

1. ¿Cuál es la vigente Ley de Prevención de Riesgos Laborales?

a) Ley 32/1995, de 8 de noviembre.
b) Ley 30/1996, de 8 de noviembre.
c) Ley 31/1995, de 6 de noviembre.
d) Ley 31/1995, de 8 de noviembre.

2. La Ley de Prevención de Riesgos laborales, tiene por objeto:

a) Prevenir los accidentes en general.
b) Evitar riesgos en el recorrido al puesto de trabajo.
c) Promover la seguridad y la salud de los trabajadores.
d) Que cada vez haya menos accidentes de tráfico.

3. Qué se entiende por "riesgo laboral":

a) La posibilidad de que un trabajador sufra un determinado daño derivado del trabajo.
b) La posibilidad de que un trabajador sufra una enfermedad en el trabajo.
c) La posibilidad de que un trabajador sufra acoso.
d) El riesgo que supone el ir a trabajar.

4. Indica cuál es la definición de prevención:

a) La probabilidad racional de que un riesgo se materialice de forma inminente.
b) El estudio de los procesos potencialmente peligrosos para el trabajo.
c) Conjunto de actividades o medidas adoptadas o previstas en todas las fases de actividad de la empresa con el fin de evitar o disminuir los riesgos derivados del trabajo.
d) Posibilidad de que un trabajador sufra un determinado daño derivado del trabajo.

5. Según establece el art. 4 de la Ley 31/1995, de 8 de noviembre, de Prevención de Riesgos Laborales, se define como daños derivados del trabajo.

a) La posibilidad de que un trabajador sufra un determinado daño derivado del trabajo.

b) El que resulte probable racionalmente que se materialice en un futuro inmediato y pueda suponer y pueda suponer un daño grave para la salud de los trabajadores.

c) Las enfermedades, patologías o lesiones sufridas con motivo u ocasión del trabajo.

d) Cualquier máquina, aparato, instrumento o instalación utilizada en el trabajo.

6. Cualquier característica del trabajo que pueda tener una influencia significativa en la generación de riesgos para la seguridad y la salud del trabajador, es:

a) Una condición de trabajo.

b) Un factor de riesgo.

c) Un proceso potencialmente peligroso.

d) Una zona peligrosa.

7. Señale la respuesta incorrecta:

a) La Ley de Prevención de Riesgos Laborales se aplica a los operativos de Seguridad civil en casos de catástrofe.

b) La Ley de Prevención de Riesgos Laborales se aplica a las sociedades cooperativas.

c) En el ámbito de la relación laboral de carácter especial del servicio del hogar familiar, las personas trabajadoras tienen derecho a una protección eficaz en materia de seguridad y salud en el trabajo.

d) En los establecimientos penitenciarios, se adaptarán a la Ley de Prevención de Riesgos Laborales aquellas actividades cuyas características justifiquen una regulación especial.

8. Para calificar un riesgo desde el punto de vista de su gravedad, se valorarán conjuntamente la severidad del daño y:

a) La probabilidad de que se produzca.

b) La cantidad de trabajadores de la empresa.

c) La existencia o no de equipos individuales de protección.

d) Las condiciones de trabajo.

9. Según recoge el artículo 4 de la Ley 31/1995, quedan específicamente incluidas en la definición de condición de trabajo:

a) Las características particulares de los locales, instalaciones, equipos, productos y demás útiles existentes en el centro de trabajo.

b) La naturaleza de los agentes físicos, químicos y biológicos presentes en el ambiente de trabajo y sus correspondientes intensidades, concentraciones o niveles de presencia.

c) Los procedimientos para la utilización de los agentes citados anteriormente que no influyan en la generación de los riesgos mencionados.

d) Todas aquellas otras características del trabajo, excluidas las relativas a su organización y ordenación, que influyan en la magnitud de los riesgos a que esté expuesto el trabajador.

10. ¿Quién debe garantizar a los trabajadores la vigilancia periódica de su estado de salud en función de los riesgos inherentes al trabajo?:

a) La Inspección de Trabajo.
b) El propio trabajador.
c) El empresario.
d) Las secciones sindicales.

11. El derecho básico reconocido a los trabajadores por la Ley 31/1995, de 8 de noviembre, es:

a) La vigilancia de su estado de salud.
b) Una protección eficaz en materia de seguridad y salud en el trabajo.
c) La formación en materia preventiva.
d) La información, consulta y participación.

12. ¿Cuál de los siguientes principios generales de la acción preventiva a aplicar en el trabajo, contenidos en la Ley de Prevención de Riesgos Laborales, es incorrecto?

a) Evaluar los riesgos que no se pueden evitar.
b) Priorizar medidas individuales a las colectivas.
c) Combatir los riesgos en su origen.
d) Tener en cuenta la evolución de la técnica.

13. La actividad preventiva deberá planificarse:

a) Para un período determinado.
b) Para un período ilimitado.
c) Anualmente.
d) Para un período máximo de 3 años.

14. Podrán realizar el plan de prevención de riesgos laborales, la evaluación de riesgos y la planificación de la actividad preventiva de forma simplificada, en atención a la naturaleza y peligrosidad de las actividades realizadas, empresas cuyo número de trabajadores no exceda de:

a) 30.
b) 50.
c) 80.
d) 100.

15. En relación a la vigilancia de la salud que ha de garantizar el empresario, el acceso a la información médica de carácter personal:

a) Se limitará al empresario y a los Servicios de Prevención propios.

b) Se limitará al Jefe inmediato del trabajador.

c) Sólo será accesible al propio trabajador.

d) Se limitará al personal médico y a las autoridades sanitarias que lleven a cabo la vigilancia.

16. En relación a la vigilancia de la salud, no es cierto que:

a) El derecho a la vigilancia periódica del estado de salud puede prolongarse más allá de la finalización de la relación laboral.

b) Las medidas de vigilancia y control se llevarán a cabo por personal sanitario.

c) Los resultados de la vigilancia de la salud serán comunicados a los representantes de los trabajadores.

d) Se deberá optar por la realización de aquellos reconocimientos o pruebas que causen las menores molestias al trabajador.

17. El empresario garantizará a los trabajadores a su servicio la vigilancia periódica de su estado de salud:

a) Que deberá prolongarse más allá de la finalización de la relación laboral.

b) Solamente si la duración de la relación de trabajo temporal es superior a los tres meses.

c) Solamente si la duración de la relación de trabajo temporal es superior a los seis meses.

d) Excepto a los contratados por empresas de trabajo temporal.

18. Según la Ley de Prevención de Riesgos Laborales, es obligación de los trabajadores en materia de prevención de riesgos:

a) La protección eficaz en materia de seguridad y salud en el trabajo.

b) Utilizar correctamente los medios y equipos de protección facilitados por el empresario, de acuerdo con las instrucciones recibidas de éste.

c) Soportar el coste de las medidas relativas a la seguridad y la salud en el trabajo.

d) Desarrollar una acción permanente de seguimiento de la actividad preventiva.

19. El art. 29 de la LPRL establece las obligaciones de los trabajadores en materia de prevención de riesgos. De las siguientes no se considera una obligación del trabajador:

a) Utilizar correctamente los medios y equipos de protección facilitados por el empresario, de acuerdo con las instrucciones recibidas de éste.

b) Usar adecuadamente, de acuerdo con su naturaleza y los riesgos previsibles, las máquinas, aparatos, herramientas, sustancias peligrosas, equipos de transporte y, en general, cualesquiera otros medios con los que desarrollen su actividad.

c) Informar de inmediato a su superior jerárquico directo, y a los trabajadores desig-nados para realizar las actualizaciones que consideren oportunas en el equipo de protec-ción individual.

d) No poner fuera de funcionamiento y utilizar correctamente los dispositivos de se-guridad existentes o que se instalen en los medios relacionados con su actividad o en los lugares de trabajo en los que ésta tenga lugar.

20. Cuando los trabajadores estén expuestos a un riesgo grave e inminente con ocasión de su trabajo, y el empresario no adopte o no permita la adopción de las medidas necesarias para garantizar la seguridad y la salud de los trabajadores, la Ley 31/1995, de 8 de noviembre, de Prevención de Riesgos Laborales prevé que:

a) Los trabajadores afectados podrán paralizar la actividad.

b) El órgano de representación del personal instará formalmente al empresario a la adopción de las medidas necesarias.

c) Los Delegados de Prevención lo comunicarán a la autoridad laboral, que adoptará las medidas necesarias.

d) El órgano de representación de personal podrá acordar la paralización de la actividad.

En MADTEST tienes **más preguntas de este tema, comentadas y argumentadas**, y todos tus avances quedan registrados y se reflejan en el ranking.

¡Supera tus límites con MADTEST!

Solución al test n.º 10

1. d) Ley 31/1995, de 8 de noviembre.

2. c) Promover la seguridad y la salud de los trabajadores.

3. a) La posibilidad de que un trabajador sufra un determinado daño derivado del trabajo.

4. c) Conjunto de actividades o medidas adoptadas o previstas en todas las fases de actividad de la empresa con el fin de evitar o disminuir los riesgos derivados del trabajo.

5. c) Las enfermedades, patologías o lesiones sufridas con motivo u ocasión del trabajo.

6. a) Una condición de trabajo.

7. a) La Ley de Prevención de Riesgos Laborales se aplica a los operativos de Seguridad civil en casos de catástrofe.

8. a) La probabilidad de que se produzca.

9. b) La naturaleza de los agentes físicos, químicos y biológicos presentes en el ambiente de trabajo y sus correspondientes intensidades, concentraciones o niveles de presencia.

10. c) El empresario.

11. b) Una protección eficaz en materia de seguridad y salud en el trabajo.

12. b) Priorizar medidas individuales a las colectivas.

13. a) Para un período determinado.

14. b) 50.

15. d) Se limitará al personal médico y a las autoridades sanitarias que lleven a cabo la vigilancia.

16. c) Los resultados de la vigilancia de la salud serán comunicados a los representantes de los trabajadores.

17. a) Que deberá prolongarse más allá de la finalización de la relación laboral.

18. b) Utilizar correctamente los medios y equipos de protección facilitados por el empresario, de acuerdo con las instrucciones recibidas de éste.

19. c) Informar de inmediato a su superior jerárquico directo, y a los trabajadores designados para realizar las actualizaciones que consideren oportunas en el equipo de protección individual.

20. d) El órgano de representación de personal podrá acordar la paralización de la actividad.

TEST N.º 11

Ley de Igualdad entre Mujeres y Hombres y contra la Violencia de Género en Extremadura: Disposiciones Generales. Integración de la perspectiva de género en las Políticas Públicas. Ley de régimen jurídico del sector público: el funcionamiento electrónico del sector público

1. Según la Ley 8/2011 de Igualdad de Extremadura, el principio general de actuación que impone a los poderes públicos de Extremadura, en el marco de sus competencias, la obligación de adoptar medidas específicas a favor de las mujeres para corregir situaciones patentes de desigualdad de hecho respecto de los hombres, que serán aplicables en tanto subsistan dichas situaciones, habrán de ser razonables y proporcionadas en relación con el objetivo perseguido en cada caso, se denomina:

a) La igualdad de oportunidades.
b) El respeto a la diversidad y la diferencia.
c) La igualdad de trato entre mujeres y hombres.
d) Acción positiva.

2. Según la Ley 8/2011, ¿qué medidas se establecen para combatir la violencia de género?

a) Exclusivamente la atención a mujeres víctimas de violencia.
b) Sanciones económicas a los agresores.
c) Sensibilización, prevención y derechos de asistencia, protección y recuperación integral para las víctimas y sus familias.
d) Eliminación de los derechos laborales de los agresores.

3. Las técnicas de análisis y planificación que tienen en cuenta la interacción que se produce entre el género y otros factores de discriminación, con el objetivo de atender a la diversidad de las mujeres, mediante la puesta en marcha de mecanismos antidiscriminación de acción integral, se llaman:

a) La interseccionalidad.
b) La transversalidad.

c) La representación equilibrada.
d) El fomento de la diversidad y la diferencia.

4. Según el artículo 2 de la Ley 8/2011, la ley será de aplicación en el ámbito territorial de la Comunidad Autónoma de Extremadura para los siguientes colectivos salvo uno. Indica cuál:

a) Universidad de Extremadura.
b) Todas las entidades que realicen actividades educativas y de formación cualquiera que sea su tipo, nivel y grado.
c) Las Fuerzas Armadas.
d) A las entidades privadas que suscriban contratos o convenios de colaboración con las Administraciones Públicas de Extremadura o sean beneficiarias de ayudas o subvenciones concedidas por ellas.

5. Se entiende que cualquier tipo de trato desfavorable relacionado con el embarazo, la maternidad o la paternidad constituye:

a) Una situación de desigualdad.
b) Discriminación directa por razón de sexo.
c) Discriminación indirecta.
d) Acoso por razón de sexo.

6. ¿Qué implica la "igualdad de oportunidades" según el artículo 3 de la Ley 8/2011?

a) Adoptar medidas para garantizar el acceso a derechos y eliminar discriminación.
b) Tratar a todos de manera idéntica en cualquier situación.
c) Promover leyes generales sin intervención específica en desigualdades.
d) Establecer políticas laborales únicamente para mujeres.

7. En virtud del principio de ruptura de la brecha de género en la Sociedad de la Información, el Conocimiento y la Imaginación ¿Qué han de priorizar los poderes públicos extremeños para la supresión de cualquier tipo de discriminación y el fomento de la igualdad entre mujeres y los hombres?

a) Promover el acceso exclusivo de las mujeres a la tecnología.
b) Implementar políticas de discriminación positiva para hombres.
c) Considerar las implicaciones de género en el avance estratégico hacia la igualdad.
d) Establecer cuotas de participación femenina en empresas tecnológicas.

8. ¿Qué se entiende por "acción positiva" en el marco de esta ley?

a) Programas diseñados exclusivamente para mujeres empresarias.
b) Medidas específicas para corregir desigualdades mediante políticas afirmativas.

c) Aplicación de políticas de igualdad solo en el ámbito educativo.
d) Exclusión de hombres en sectores donde predominan las mujeres.

9. ¿Qué principio fomenta la representación equilibrada según la Ley 8/2011?

a) La promoción exclusiva de mujeres en cargos públicos.
b) La imposición de cuotas exclusivamente femeninas en empresas privadas. c) La reducción de la participación masculina en las candidaturas políticas.
d) La paridad de género en órganos de representación y toma de decisiones.

10. ¿Qué se entiende por "discriminación interseccional"?

a) La discriminación basada únicamente en el género.
b) La discriminación que combina racismo y sexismo.
c) La discriminación debida a la orientación sexual.
d) La discriminación causada por el lugar de residencia.

11. Dentro de la Ley 8/2011, la integración de la perspectiva de género en las políticas públicas se contempla en el Título:

a) I.
b) II.
c) III.
d) IV.

12. La incorporación de la perspectiva de la igualdad de género en la elaboración, ejecución y seguimiento de las disposiciones normativas, así como de las políticas y actividades en todos los ámbitos de actuación, considerando sistemáticamente las prioridades y necesidades propias de las mujeres y de los hombres, teniendo en cuenta su incidencia en la situación específica de unas y otros, al objeto de adaptarlas para eliminar los efectos discriminatorios y fomentar la igualdad de género, se denomina:

a) Interseccionalidad.
b) Representación específica.
c) Transversalidad de género.
d) Acción positiva.

13. ¿Qué organismo elaborará normas o directrices en las que se indiquen las pautas a seguir para la realización de la evaluación previa del impacto en función del género?

a) El Instituto de la Mujer de Extremadura.
b) El Consejo Extremeño de Participación de las Mujeres.
c) La Comisión de Impacto de Género de Extremadura.
d) La Junta de Extremadura.

14. ¿Cuál es el órgano técnico de cooperación de la Administración General del Estado, de las Administraciones de las Comunidades Autónomas y de las Entidades Locales en materia de administración electrónica?

a) El Consejo Técnico de Cooperación de administración electrónica.
b) La Comisión Sectorial de administración electrónica.
c) La Conferencia Sectorial de Administración Pública.
d) El Comité Sectorial de administración electrónica.

15. ¿De quién depende la Comisión Sectorial de Administración Electrónica a tenor de la Ley 40/2015, de 1 de octubre, de Régimen Jurídico del Sector Público?

a) De la Federación Española de Municipios y Provincias.
b) De la Secretaría General de Administración Digital.
c) De la Conferencia Sectorial de Administración Pública.
d) Del Secretario General de Administración Digital del Ministerio para la Transformación Digital y de la Función Pública.

16. Señala una de las funciones que desarrolla la Comisión Sectorial de la administración electrónica:

a) Impulsar el desarrollo de la administración electrónica en España.
b) Asegurar la cooperación entre las Administraciones Públicas para proporcionar información administrativa clara, actualizada e inequívoca.
c) Asegurar la compatibilidad e interoperabilidad de los sistemas y aplicaciones empleados por las Administraciones Públicas.
d) Todas las respuestas son correctas.

17. ¿Cómo se denomina, a tenor del art. 39 de la Ley 40/2015, de 1 de octubre, de Régimen Jurídico del Sector Público, al punto de acceso electrónico cuya titularidad corresponda a una Administración Pública, organismo público o entidad de Derecho Público que permite el acceso a través de internet a la información publicada y, en su caso, a la sede electrónica correspondiente?

a) Portal web.
b) Punto de acceso de internet.
c) Portal electrónico digital.
d) Portal de internet.

18. ¿Dónde se regulan los aspectos estrictamente procedimentales del funcionamiento electrónico del sector público?

a) En la Ley 39/2015, de 1 de octubre, del Procedimiento Administrativo Común de las Administraciones Públicas.
b) En la Ley 40/2015, de 1 de octubre, de Régimen Jurídico del Sector Público.

c) En la Ley 56/2007, de 28 de diciembre, de Medidas de Impulso de la Sociedad de la Información.

d) En la Ley 6/2020, de 11 de noviembre, reguladora de determinados aspectos de los servicios electrónicos de confianza.

19. ¿Cuál de los siguientes datos deberán de incluir los certificados electrónicos que utilicen las Administraciones Públicas para identificarse mediante el uso de un sello electrónico?

a) La denominación correspondiente.

b) El número de identificación fiscal.

c) La identidad de la persona titular en el caso de los sellos electrónicos de órganos administrativos.

d) Todas las respuestas anteriores son correctas.

20. Cualquier acto o actuación realizada íntegramente a través de medios electrónicos por una Administración Pública en el marco de un procedimiento administrativo y en la que no haya intervenido de forma directa un empleado público, se denomina a tenor del art. 41 de la Ley 40/2015, de 1 de octubre, de Régimen Jurídico del Sector Público, como:

a) Actuación administrativa electrónica.

b) Actuación administrativa digital.

c) Actuación administrativa automatizada.

d) Actuación administrativa virtual.

En MADTEST tienes **más preguntas de este tema, comentadas y argumentadas**, y todos tus avances quedan registrados y se reflejan en el ranking.

¡Supera tus límites con MADTEST!

Solución al test n.º 11

1. d) Acción positiva.

2. c) Sensibilización, prevención y derechos de asistencia, protección y recuperación integral para las víctimas y sus familias.

3. a) La interseccionalidad.

4. c) Las Fuerzas Armadas.

5. b) Discriminación directa por razón de sexo.

6. a) Adoptar medidas para garantizar el acceso a derechos y eliminar discriminación.

7. c) Considerar las implicaciones de género en el avance estratégico hacia la igualdad.

8. b) Medidas específicas para corregir desigualdades mediante políticas afirmativas.

9. d) La paridad de género en órganos de representación y toma de decisiones.

10. b) La discriminación que combina racismo y sexismo.

11. b) II.

12. c) Transversalidad de género.

13. d) La Junta de Extremadura.

14. b) La Comisión Sectorial de administración electrónica.

15. c) De la Conferencia Sectorial de Administración Pública.

16. d) Todas las respuestas son correctas.

17. d) Portal de internet.

18. a) En la Ley 39/2015, de 1 de octubre, del Procedimiento Administrativo Común de las Administraciones Públicas.

19. d) Todas las respuestas anteriores son correctas.

20. c) Actuación administrativa automatizada.

Cómo acceder al Curso

Pinche
Test del temario

El uso de los códigos **es exclusivo de los compradores de los productos de Editorial MAD**. Cada producto posee un código único y de un solo uso. Es personal e intransferible y da acceso a servicios y contenidos adicionales. Editorial MAD se reserva el derecho de hacer cuantas comprobaciones sean necesarias para identificar al legítimo poseedor del código y dejar de dar servicio a quien haga uso fraudulento del mismo, además de emprender cuantas acciones legales estime oportunas según la legislación vigente.

Deberás acceder a:

mad.es/registro-campus

Si una vez aceptadas las condiciones de uso del Campus decides hacer uso del mismo, necesitarás del siguiente código de acceso junto con los códigos del resto de títulos que se exigen (si fuera el caso):

KW7VRA32QL